Klaus Schäfer

Die Welt in Trauer

The world in mourning

Le monde en deuil

Band 1

Volume 1

Inschriften auf britischen Grabsteinen

IInscriptions on British gravestones

Inscriptions sur les pierres tombales britanniques

Titelbild: Grabstein eines unbekannten Soldaten

Die Grabinschriften wurden übersetzt von J. D.

Mit einem Vorwort von Wolfgang Schneiderhan.

Regensburg 2021

Herstellung und Verlag: BoD - Books on Demand, Norderstedt

ISBN 9783752683448

0 Vorspann

0.1 Inhaltsverzeichnis

0.2 Vorwort

0.2.1 Vorwort

Vorwort von Wolfgang Schneiderhan,

Präsident des Volksbundes Deutsche Kriegsgräberfürsorge e. V.

Am 11. November 1918 endete der Erste Weltkrieg und damit eine weltumspannende Gewalteskalation, die rund 17 Millionen Menschen das Leben kostete. Wir gedenken der vielen Menschen, Soldaten wie Zivilpersonen, die dieser Krieg vor über hundert Jahren gewaltsam aus dem Leben gerissen hatte.

Da so viele große Schlachten des Ersten Weltkrieges in Belgien und Frankreich stattfanden, liegen dort heute hunderte, teilweise sehr große Kriegsgräberstätten. Ihr Anblick, diese kaum fassbare Menge der Gräber lassen niemanden unberührt. Und jedes einzelne Grab ist ein Appell an die Entwicklung und Bewahrung von Dialogbereitschaft, Solidarität und gegenseitigem Verständnis.

Der Volksbund Deutsche Kriegsgräberfürsorge errichtet und pflegt die deutschen Ruhestätten der Kriegstoten im Ausland. Er steht für ein Gedenken, das den Menschen und sein Schicksal beleuchtet, das die Angehörigen tröstet und die Gesellschaft auffordert, immer wieder über Krieg und Gewalt, aber vor allem den Weg zum Frieden nachzudenken.

Die Kriegsgräberstätten aller Nationen werden mit zunehmendem Abstand zu den Weltkriegen aber auch zu besonderen historischen Lernorten. Der Volksbund hat es sich zum Ziel gesetzt, an diesen Lernorten jungen Menschen den unverbrüchlichen Wert von Frieden, Freiheit und Demokratie zu vermitteln.

Großbritannien hat zwischen 1914 und 1918 viele Hunderttausend Soldaten verloren, von denen ein großer Teil auf Friedhöfen in Belgien und Frankreich ruht. Die Besonderheit der britischen Kriegsgräber besteht darin, dass viele Hinterbliebene ihren Toten einige letzte Worte mitgegeben haben. Wir finden diese kurzen, häufig sehr anrührenden Erinnerungszeichen auf zahlreichen Grabstelen. Dem vorliegenden Buch kommt die verdienstvolle Aufgabe zu, eine Vielzahl dieser Inschriften zu sammeln, ihre Übersetzung zu liefern und so eine Ahnung von der tiefen Trauer der Angehörigen zu vermitteln. Jede der im Buch dokumentierten 400 Gravuren unterscheidet sich von der anderen. Jede hebt einen besonderen Menschen aus der unfassbaren Zahl der Toten hervor – einen Menschen, an den man denkt, der nicht vergessen ist – bis heute.

Ich halte es für ein wichtiges Anliegen, diesen Inschriften und damit den Kriegsgräberstätten des Ersten Weltkrieges verstärkte Aufmerksamkeit zu widmen und sie einem breiten Publikum zugänglich zu machen. Eine Aufgabe des Volksbundes ist die Bewahrung der Erinnerung und die Mahnung zum Frieden. Es ist nicht wichtig, ob diese Mahnung von einem deutschen, einem französischen, einem belgischen oder russischen Grab ausgeht. Wichtig ist, dass sie sichtbar bleibt. Dieses Buch leistet dazu einen wertvollen Beitrag.

Wolfgang Schneiderhan

Im März 2021

0.2.2 Foreword

Foreword by Wolfgang Schneiderhan,

President of the German War Graves Commission

The First World War ended on 11th November 1918. Until then, that world-spanning escalation of violence had cost the lives of about 17 million people. We remember the vast number of people - soldiers and civilians - who were violently robbed of their lives by that war over a hundred years ago.

Since many of the First World War battles took place in Belgium and France, hundreds of war cemeteries can be found there, some of which are quite large. The sight of the unbelievable amount of graves inevitably affects every visitor. Each grave is a plea for solidarity, mutual understanding, and an ongoing readiness to engage in dialogue.

The German War Graves Commission builds and maintains the final resting places for German war dead. Its mission is a form of commemoration which shines a light on individual fates, comforts bereaved family members, continuously challenges society to remember the horrors of war, and encourages people to never lose sight of the path to peace.

The widening time gap between the presence and the times of the world wars accentuates the importance of war cemeteries as historical learning environments. The German War Graves Commission wants to use these special places to teach young people the steadfast value of peace, freedom, and democracy.

Great Britain lost many hundreds of thousands of soldiers between the years of 1914 and 1918, the majority of whom have found their last resting places in French and Belgian cemeteries. The uniqueness of the British war graves lies in the fact that bereaved family members have marked the graves of their loved ones with parting words. These short and often very touching signs of commemoration can be found on many of the British graves. This book presents a wealth of these inscriptions with respective translations in order to try and convey an inkling of the poignant grief of the mourners. Each and every one of the 400 engravings that this book documents is different. Each one highlights the life of a special person and distinguishes them from the inconceivable number of dead – a human being that is remembered until today.

I think it is a very important objective to give special attention to these inscriptions and ultimately to the war cemeteries of the First World War, thus making them more accessible to a broader public. One of the tasks of the German War Graves Commission is the preservation of memories and an admonition of peace. It is not important whether this admonition proceeds from a German, a French, a Belgian, or a Russian grave. However, it is of major importance that it remains visible and can still be experienced. This book certainly helps to keep the memories alive.

Wolfgang Schneiderhan

March 2021

0.2.3 Avant-propos

Préface de Wolfgang Schneiderhan,

Président de la Volksbund Deutsche Kriegsgräberfürsorge e. V.

Le 11 novembre 1918, la Première Guerre mondiale a pris fin et avec elle une escalade mondiale de la violence qui a tué environ 17 millions de personnes. Nous nous souvenons des nombreuses personnes, soldats et civils, que cette guerre a violemment arraché à la vie il y plus de 100 ans maintenant.

Étant donné que de nombreuses batailles majeures de la Première Guerre mondiale ont eu lieu en Belgique et en France, on y trouve aujourd'hui des centaines de cimetières militaires dont certains très grands. Leur aspect, le nombre ahurissant de tombes, ne laisse personne indifférent.

Chaque simple tombe est un appel au développement et à la préservation de la volonté de dialogue, de la solidarité et de la compréhension mutuelle.

Le Volksbund Deutsche Kriegsgräberfürsorge aménage et entretient, les tombes des morts de guerre allemands situées en dehors du territoire national. Il incarne une mémoire qui met en lumière l'individu et son destin, qui réconforte les proches et appelle la société à réfléchir encore et encore sur la guerre et la violence, mais surtout sur le chemin de la paix.

Avec le temps de plus en plus important qui nous sépare des conflits mondiaux,les sépultures de guerre de toutes les nations deviennent maintenant des lieux particuliers d'apprentissage historique. Le Volksbund s'est fixé pour objectif d'utiliser ces sites pédagogiques pour enseigner aux jeunes la valeur inestimable de la paix, de la liberté et de la démocratie.

La Grande-Bretagne a perdu plusieurs centaines de milliers de soldats entre 1914 et 1918, dont un grand nombre reposent dans des cimetières en Belgique et en France.

La particularité des tombes de guerre britanniques repose sur le fait que de nombreuses familles endeuillées ont adressé à leurs défunts quelques dernières pensées. On retrouve ces brefs témoignages du passé, souvent très émouvants, sur de nombreuses stèles funéraires. Ce livre a la précieuse mission de rassembler un grand nombre de ces inscriptions, d'en proposer la traduction et de rendre ainsi compte de la profonde tristesse des proches. Chacune des 400 gravures documentées dans le livre est différente de l'autre. Chacune met en lumière une personne particulière parmi le nombre inconcevable de morts - une personne dont on se souvient, que l'on n'oublie pas – et ce jusqu'à aujourd'hui.

Je considère qu'il est de la plus haute importance de consacrer une attention particulière à ces écrits, et par conséquent aux cimetières militaires de la Première Guerre mondiale, et ainsi de les rendre accessibles à un large public. L'une des tâches du Volksbund est de préserver la mémoire et d'exhorter à la paix. Il importe peu que ce rappel émane d'une tombe allemande, française, belge ou russe. L'important est qu'elle reste visible. Ce livre apporte une contribution précieuse à cet égard.

Wolfgang Schneiderhan

Mars 2021

Cimetiére Militaire du Dud Corner

Loos-en-Gohelle (F)
GPS-Position: 50.46022/2.77097

20.616 britische Soldaten / British soldiers / Soldats britanniques

1 Zum Buch

1.1 Zum Buch

Mit etwa 25 Jahren war ich als Soldat mit weiteren ca. 40 Kameraden für eine Woche auf dem Soldatenfriedhof von Noyers-Pont-Maugis, ca. 5 km südlich von Sedan. Dort liegen über 14.000 Tote des Ersten und 12.788 Tote des Zweiten Weltkriegs. Auf dem Gedenkstein eines Kameradengrabes steht: "In einem gemeinsamen Grabe ruhen hier 4.938 deutsche Gefallene des Ersten Weltkrieges, 4.847 blieben unbekannt!" – Diese Worte verdeutlichen das Grauen dieses Krieges. "Gefallene" ist zwar ein gängiger Begriff, doch er stellt eine Beschönigung des Sachverhalts dar. "Schlacht, abgeschlachtet wie Vieh", so bezeichnete es Herr Schenk, mein Klassenlehrer der 7. und 9. Klasse, ein Veteran des Zweiten Weltkriegs mit einer Beinprotese.

Mit Wasser und Wurzelbürste schruppten wir das Moos von den Grabsteinen, auf deren Vorder- und Rückseite die Daten von 3 "gefallenen" Soldaten standen. Ich rechnete das Alter dieser Männer aus, sie waren meist jünger als ich. Ich erinnerte mich in mein Leben zurück, wo ich im Leben stand, als dieser hier sein Leben lassen musste. Manchmal hatte ich mich dabei bis in meine Lehrzeit zurück zu erinnern.

Auf den deutschen Grabsteinen steht „gefallen", doch diese jungen Männer stehen nicht wieder auf. Auf britischen Grabsteinen heißt es öfter „sleep", doch von diesem Schlaf gibt es kein Erwachen. In diesem Sinn schrieb ein deutscher Soldat des Ersten Weltkrieges in einem Brief nach Hause, dass er britische Soldaten in einen Schlaf schickt, aus dem es kein Erwachen gibt. - Alles Euphemismen, um an der Grausamkeit des Krieges nicht verrückt zu werden. Irgendwie musste man mit dem Grauen des Krieges weiterleben.

Ich sah so manchen Kriegs- und Anti-Kriegsfilm, aber nichts hinterließ bei mir so prägende Spuren, wie dieser Einsatz bei Sedan. Nichts in meinem Leben machte mir das Grauen des Krieges so deutlich, wie diese eine Woche. Aus eigener Erfahrung kann ich daher sagen: In Friedenszeiten lehrt uns nichts so deutlich wie die Soldatenfriedhöfe, was Krieg ist. Daher erachte ich deren Erhalt und die Pflege als einen unersetzbaren Beitrag zum Erhalt des Friedens, als Friedensarbeit. Daher bedeutet für mich die Arbeit des VDK konkret erfahrbare Friedensarbeit.

Ein zweites prägendes Erlebnis hatte ich auf Kreta: Zweimal war ich durch die Bundeswehr in den 80er Jahren für Schießübungen mit der 20-mm-Zwillings-Flak auf Kreta. Beide Male besuchten wir dabei den deutschen Soldatenfriedhof Meleme, etwa 20 km westlich der Hafenstadt Chania an der Nordküste Kretas. Dort liegen 4.465 deutsche Soldaten des Zweiten Weltkrieges. Beide Male führte uns ein Kreter, der während des Zweiten Weltkriegs gegen die Deutschen Soldaten kämpfte. Frei erzählte er uns von den blutigen Kämpfen an dem heißen Sommertag, als die deutschen Fallschirmspringer mitten in die feindlichen Stellungen abgesprungen waren und schloss mit den Worten: "Der eine oder andere, den ich im Kampf erschossen habe, liegt hier. Meine Arbeit hier sehe ich als meinen Beitrag zum Frieden, damit sich solches nie wiederholt."

Ein Jakobspilger (* 1926), der als deutscher Besatzungssoldat in Frankreich gedient hatte, machte mich schon bei einer Radwallfahrt von Deutschland durch Frankreich und Spanien nach Santiago de Compostela in den 1990-er Jahren darauf aufmerksam, dass bei den Grabsteinen der britischen Soldaten die Inschrift der Hinterbliebenen lesenswert sei. Diese Information schlummerte wie ein Samenkorn ohne Regen für Jahre in mir. Doch dann bekam dieses Samenkorn Wasser und ging auf.

Im Jahr 2015 besuchte ich in Frankreich gezielt britische, französische, amerikanische und deutsche Kriegsgräberstätten. Dabei stieß ich auch auf Kriegsgräberstätten anderer Nationen.

Beim Besuch der britischen Kriegsgräberstätten achtete ich in besonderer Weise auf die Grabinschriften der Hinterbliebenen. Trotz meiner geringen Englischkenntnisse konnte ich meist den ergreifenden wie auch schmerzlichen Sinn der Worte verstehen. Dies veranlasste mich dazu, von diesen Grabsteinen zahlreiche Fotos zu machen. Es ist an der Stelle anzumerken, dass etwa 2/3 der Grabsteine solche Inschriften besitzen. Viele gleichen sich oder sind gar identisch.

Nach meiner Rückkehr aus diesem Urlaub tippte ich über 800 Grabinschriften in eine Excel-Tabelle und sortierte sie alphabetisch. Die Übersetzungen nahm dankenswerter Weise J. D. vor.

Auf dem Büchermarkt sollte das Buch nicht untergehen, sondern gezielt in den Kreisen wahrgenommen werden, die sich für den Erhalt und die Pflege der Kriegsgräber einsetzen. Daher bat ich Wolfgang Schneiderhan, Präsident des Volksbundes Deutsche Kriegsgräberfürsorge e. V., um ein Vorwort für das Buch an. Er willigte sofort ein.Hierfür bin ich ihm sehr dankbar.

Durch verschiedene persönliche Umstände gab es eine große Verzögerung, sodass das Buch erst 2021 erscheint.

Noch im gleichen Jahr soll der Band 2 erscheinen. Er zeigt Kriegerdenkmale aus französischen Städten und Dörfern. Neben den Standard-Denkmalen gibt es wirklich beeindruckende Denkmale, die diesen Namen auch völlig in dem Sinn – denk mal darüber nach – verdienen.

Mehrsprachigkeit des Buches

Der einleitende wie auch abschließende Teil soll in 3 Sprachen sein:

a) Englisch, weil die Grabinschriften von britischen Familien sind.

b) Französisch, weil die Kriegsgräberstätten in Frankreich sind.

c) Deutsch, weil ich Deutscher bin und das Buch auch primär für den deutschen Sprachraum angeboten werden soll.

Die über 400 Grabinschriften wird es nur in Englisch und Deutsch geben.

Hinweis zu den Grabinschriften

Die nachfolgend genannten Grabinschriften sind immer nach dem gleichen Schema aufgebaut:

1. die fortlaufende Nummer der Grabinschrift

2. die Grabinschrift in englischer Sprache

3. in Klammer das Alter des Toten

4. die deutsche Übersetzung der Grabinschrift

1.2 About the book

When I was about 25 years old, I was a soldier with about 40 other comrades for a week at the military cemetery of Noyers-Pont-Maugis, about 5 km south of Sedan. More than 14,000 dead from the First World War and 12,788 from the Second World War lie there. On the memorial stone of a comrade's grave is written: "In a common grave rest here 4,938 German fallen of the First World War, 4,847 remained unknown!" - These words illustrate the horror of that war. "Fallen" is a common term, but it is a glossing over of the facts. "Battle, slaughtered like cattle" is how Mr Schenk, my Year 7 and 9 class teacher, a World War II veteran with a prosthetic leg, described it.

With water and a root brush, we scrubbed the moss from the gravestones, on the front and back of which were the dates of 3 "fallen" soldiers. I calculated the ages of these men, they were mostly younger than me. I remembered back to where I was in life when this one had to give his life. Sometimes I had to remember back to my apprenticeship.

On German gravestones it says "fallen", but these young men don't get up again. British gravestones often say "sleep", but there is no awakening from that sleep. In this sense, a German soldier of the First World War wrote in a letter home that he was sending British soldiers into a sleep from which there is no awakening. - All euphemisms to avoid going mad at the cruelty of war. Somehow you had to live on with the horror of war.

I saw many a war and anti-war film, but nothing left such a formative mark on me as that action at Sedan. Nothing in my life made the horror of war as clear to me as that one week. From my own experience, I can therefore say: In peacetime, nothing teaches us what war is as clearly as the military cemeteries. I therefore consider their preservation and maintenance to be an irreplaceable contribution to the preservation of peace, as peace work. Therefore, for me, the work of the VDK means tangible peace work.

I had a second formative experience on Crete: twice in the 1980s I was on Crete with the Bundeswehr for firing exercises with the 20 mm twin flak. Both times we visited the German military cemetery Meleme, about 20 km west of the port city of Chania on the north coast of Crete. There lie 4,465 German soldiers of the Second World War. Both times we were guided by a Cretan who fought against the German soldiers during the Second World War. He freely told us about the bloody fighting on that hot summer day when the German paratroopers had jumped into the middle of the enemy positions and concluded by saying, "One or two of the people I shot in battle are lying here. I see my work here as my contribution to peace, so that such things never happen again."

A pilgrim to Santiago de Compostela (* 1926), who had served as a German occupation soldier in France, drew my attention during a bicycle pilgrimage from Germany through France and Spain to Santiago de Compostela in the 1990s to the fact that the inscription on the gravestones of British soldiers was worth reading. This information lay dormant in me like a seed without rain for years. But then this seed got water and sprouted.

In 2015, I visited British, French, American and German war graves in France. In the process, I also came across war gravesites of other nations.

When visiting the British war gravesites, I paid particular attention to the grave inscriptions of the bereaved. Despite my limited knowledge of English, I could usually understand the poignant as well as painful meaning of the words. This prompted me to take numerous photos of these gravestones. It should be noted that about 2/3 of the gravestones have such inscriptions. Many are similar or even identical.

After my return from this holiday, I typed over 800 grave inscriptions into an Excel table and sorted them alphabetically. The translations were kindly done by J. D. did the translations.

The book should not be lost on the book market, but should be specifically noticed in the circles that are committed to the preservation and care of the war graves. Therefore, I asked Wolfgang Schneiderhan, President of the Volksbund Deutsche Kriegsgräberfürsorge e. V., to write a foreword for the book. He agreed immediately and I am very grateful to him for this.

Due to various personal circumstances, there was a long delay, so that the book will not be published until 2021.

Volume 2 is to be published in the same year. It shows war memorials from French towns and villages. In addition to the standard monuments, there are really impressive monuments that fully deserve this name in the sense - think about it.

Multilingualism of the book

The introductory as well as the concluding part should be in 3 languages:

a)English, because the grave inscriptions are from British families.

b)French, because the war grave sites are in France.

c)German, because I am German and the book will be offered primarily for the German-speaking countries.

The more than 400 grave inscriptions will only be available in English and German.

Note on the epitaphs

The grave inscriptions mentioned below are always structured according to the same scheme:

1.the consecutive number of the epitaph

2.the grave inscription in English

3.the age of the deceased in brackets

4.the German translation of the epitaph

1.3 À propos du livre

Lorsque j'avais environ 25 ans, j'étais soldat avec une quarantaine d'autres camarades pendant une semaine au cimetière militaire de Noyers-Pont-Maugis, à environ 5 km au sud de Sedan. Y reposent plus de 14 000 morts de la Première Guerre mondiale et 12 788 morts de la Seconde Guerre mondiale. Sur la pierre commémorative de la tombe d'un camarade, on peut lire : "Dans une fosse commune reposent ici 4 938 Allemands tombés pendant la Première Guerre mondiale, 4 847 sont restés inconnus !" - Ces mots illustrent l'horreur de cette guerre. "Déchu" est un terme courant, mais il représente un camouflage des faits. "Bataille, abattu comme du bétail", c'est ainsi que l'a décrit M. Schenk, mon professeur de 7e et 9e année, un vétéran de la Seconde Guerre mondiale avec une prothèse de jambe.

Avec de l'eau et une brosse à racines, nous avons nettoyé la mousse des pierres tombales, qui portaient les dates de 3 soldats "tombés" sur le devant et l'arrière. J'ai calculé l'âge de ces hommes, ils étaient pour la plupart plus jeunes que moi. Je me suis rappelé où j'en étais dans la vie quand celui-ci a dû sacrifier sa vie. Parfois, je devais me souvenir de mes jours d'apprentissage.

Les pierres tombales allemandes disent "tombé" mais ces jeunes hommes ne se relèvent pas. Les pierres tombales britanniques disent plus souvent "sommeil", mais il n'y a pas de réveil de ce sommeil. En ce sens, un soldat allemand de la Première Guerre mondiale a écrit dans une lettre à son pays qu'il envoyait les soldats britanniques dans un sommeil dont on ne peut se réveiller. - Autant d'euphémismes pour éviter de devenir fou face à la cruauté de la guerre. D'une manière ou d'une autre, vous avez dû vivre avec l'horreur de la guerre.

J'ai vu beaucoup de films de guerre et d'anti-guerre, mais aucun n'a laissé une marque aussi formatrice sur moi que cet engagement à Sedan. Rien dans ma vie ne m'a fait comprendre l'horreur de la guerre aussi clairement que cette semaine-là. D'après ma propre expérience, je peux donc dire : en temps de paix, rien ne nous enseigne aussi clairement que les cimetières militaires ce qu'est la guerre. C'est pourquoi je considère leur préservation et leur entretien comme une contribution irremplaçable à la préservation de la paix, comme un travail de paix. C'est pourquoi le travail du VDK représente pour moi un travail de paix concret et tangible.

Une deuxième expérience formatrice que j'ai eue en Crète : à deux reprises, j'ai été envoyé en Crète par les forces armées fédérales allemandes dans les années 80 pour des exercices de tir avec la DCA jumelée de 20 mm. Les deux fois, nous avons visité le cimetière militaire allemand de Meleme, à environ 20 km à l'ouest de la ville portuaire de Chania, sur la côte nord de la Crète. Il y a 4 465 soldats allemands de la Seconde Guerre mondiale. Les deux fois, nous avons été guidés par un Crétois qui a combattu les soldats allemands pendant la Seconde Guerre mondiale. Il nous a raconté librement les combats sanglants de cette chaude journée d'été, lorsque les parachutistes allemands avaient sauté au milieu des positions ennemies, et a conclu en disant : "Une ou deux des personnes que j'ai abattues au combat reposent ici. Je considère mon travail ici comme ma contribution à la paix, afin que de telles choses ne se reproduisent plus jamais."

Un pèlerin de Saint-Jacques (né en 1926) qui avait servi en France comme soldat d'occupation allemand m'a fait remarquer, alors que je faisais encore un pèlerinage à vélo de l'Allemagne à Saint-Jacques-de-Compostelle en passant par la France et l'Espagne dans les années 1990, que sur les pierres tombales des soldats britanniques, l'inscription des survivants valait la peine d'être lue. Cette information a dormi en moi comme une graine sans pluie pendant des années. Mais cette graine a reçu de l'eau et a germé.

En 2015, j'ai visité des sites de tombes de guerre britanniques, françaises, américaines et allemandes en France. Au cours de ce processus, je suis également tombé sur des tombes de guerre d'autres nations.

En visitant les tombes de guerre britanniques, j'ai prêté une attention particulière aux épitaphes des personnes endeuillées. Malgré ma connaissance limitée de l'anglais, j'étais généralement capable de comprendre le sens poignant et douloureux des mots. Cela m'a incité à prendre de nombreuses photos de ces pierres tombales. Il convient de noter qu'environ 2/3 des pierres tombales présentent de telles inscriptions. Beaucoup sont similaires, voire identiques.

Au retour de ces vacances, j'ai saisi plus de 800 inscriptions funéraires dans un tableau Excel et les ai classées par ordre alphabétique. Les traductions ont été réalisées par J. D. a fait les traductions.

Le livre ne doit pas se perdre sur le marché du livre, mais doit être spécifiquement remarqué dans les cercles qui s'engagent pour la préservation et l'entretien des tombes de guerre. J'ai donc demandé à Wolfgang Schneiderhan, président du Volksbund Deutsche Kriegsgräberfürsorge e. V., de rédiger un avant-propos pour le livre. Il a accepté immédiatement et je lui en suis très reconnaissant.

En raison de diverses circonstances personnelles, il y a eu un long retard, de sorte que le livre ne sera pas publié avant 2021.

Le volume 2 sera publié la même année. Il montre les monuments aux morts des villes et villages français. Outre les monuments classiques, il existe des monuments vraiment impressionnants qui méritent aussi pleinement ce nom dans le sens - pensez-y.

Multilinguisme du livre

La partie introductive ainsi que la partie conclusive doivent être en 3 langues :

a)Anglais, car les inscriptions sur les tombes sont celles de familles britanniques.

b)français, car les sites des tombes de guerre sont en France.

c)Allemand, parce que je suis allemand et que le livre doit être proposé en priorité aux pays germanophones.

Les plus de 400 inscriptions funéraires ne seront disponibles qu'en anglais et en allemand.

Note sur les inscriptions funéraires

Les inscriptions funéraires suivantes sont toujours structurées selon le même schéma :

1.le numéro consécutif de l'inscription de la tombe

2.l'inscription de la tombe en langue anglaise

3.l'âge du défunt entre parenthèses

4.la traduction allemande de l'inscription

Longueval (F) = GPS-Position: 50.0262/2.8035

Die Soldaten – zumeist junge Männer – wurden im Krieg so verroht, dass sie es lernten, im wahrsten Sinne des Wortes über Leichen zu gehen. - Diese setzte dieser Künstler sehr eindrücklich ins Bild.

The soldiers - mostly young men - became so brutalised during the war that they learned to literally walk over dead bodies. - This artist put them into the picture very impressively.

Les soldats - pour la plupart de jeunes hommes - ont été tellement brutalisés pendant la guerre qu'ils ont appris à marcher littéralement sur les cadavres. - Cet artiste les a intégrés de manière très impressionnante dans le tableau.

Sissonne (F) – GPS-Position: 49.5821/3.9204

2 Die Grabinschriften / The epitaphs

1   *... ever with the lord amen so let it be.*   *(20)*

     Auf ewig mit dem Herrn, Amen, so soll es sein.

2   *... eyles shall see ... kind in is beauty.*   *(18)*

     (zu bruchstückhaft für eine Übersetzung)

3   *... his reward be great as his sacrifice wife & daughter. (19)*

     (…) Möge seine Belohnung so groß sein wie sein Opfer. Seine Ehefrau und seine Tochter.

4   *... in thy great mercy ... never more forget.*   *(42)*

     …in deiner großen Gnade…nie wieder vergessen.

5   *... lord have mercy on his soul.*   *(31)*

     Herr, erbarme dich seiner Seele.

6   *... the day break.*   *(31)*

     …bricht der Tag an.

7   *...ant him lord eternal rest with the spirits of the blest. (18)*

     Herr, gewähre ihm ewige Ruhe mit den Geistern der Seligen.

8   *...ond the sea of death love lives always.*   *(26)*

     Jenseits der See des Todes lebt die Lebe ewig.

9   *„Death has mad his darkness beautiful with thee" tenny son.*   *(26)*

     (Gedichtzitat von Tennyson, Übersetzung ohne Kenntnis des Gedichts nicht möglich)

10   *„God ist love" ... and under neath are the everlas fine arms.*   *(28)*

     Gott ist Liebe … und darunter sind die immerwährenden feinen Arme

11   *„He died to save us" – „His mother and father."*   *(25)*

     "Er starb, um uns zu retten". - "Seine Mutter und sein Vater".

12   „His arm encircles me and mine and all" mary baker eddy. (24)

"Seine Arme halten mich, das Meine und alles umschlungen." Mary Baker Eddy.

13   „His silence speaks ok england" loving mum, dad, sisters and brothers. (21)

"Seine Ruhe spricht von England" --> Selbst im Tod spricht er von der Heimat. Seine liebevolle Mutter, sein Vater, seine Schwestern und Brüder.

14   „Justus ut palma florebit" PS.XCI R.I.P.   (29)

"Der Gerechte wird blühen wie ein Palmbaum." Psalmen 91. Ruhe in Frieden.

15   „Our wally" O most compassionate lord jesus grant him eternal rest. (36)

"Unser Wally". Oh, erbarmungsvoller Herr Jesus, schenke ihm ewige Ruhe.

16   „Rob" at rest in god´s most holy keeping.   (20)

"Rob". Er ruht in Gottes heiliger Obhut.

17   „The trumpet shall sound, the dead shall be raised" ... Cor. 15th ch. 52 nd V.   (27)

"Die Posaune wird schallen und die Toten werden auferstehen." Korinther 15.

18   „These are my jewels" Ruskin.   (38)

"Dies sind meine Juwelen". Ruskin. (brit. Schriftsteller)

19   100F No. 37 North Weare new hampshire U.S.A. gone but not forgotten.   (33)

North Weare, New Hampshire, USA. Von uns gegangen, aber nicht vergessen.

20   A beloved son and a true patriot.   (20)

Ein geliebter Sohn und wahrer Patriot.

21   *A bitter grief, a shock severe to part with on wie loved so dear.*   (22)

Welche tiefe Trauer, welch schwerer Schlag, Abschied zu nehmen von einem, den wir so sehr liebten.

22   *A bitter loss a shock severe to part with him i loved so dear.*   ()

Welch schrecklicher Verlust, welch schwerer Schlag, Abschied zu nehmen von ihm, den ich so sehr liebte.

23   *A blamless life cheerfully given to duty ... her countrys call.*   (30)

Ein schuldloses Leben, heiter hingegeben für die Pflicht...der Ruf ihres Landes.

24   *A brave little heart sadly missed by all.*   (19)

Ein tapferes kleines Herz, das alle in Trauer vermissen.

25   *A brave soldier and faithful until death.*   (22)

Ein tapferer Soldat und treu bis zum Tod.

26   *A brave soldier, a good comrade.*   (26)

Ein tapferer Soldat, ein guter Kamerad.

27   *A bringht future cut short.*   (25)

Eine glänzende Zukunft, jäh abgeschnitten.

28   *A cood soldier of jesus christ.*   (21)

Ein guter Soldat Jesu Christi.

29   *A daily thought an everlasting sorrow.*   ()

Ein täglicher Gedanke, ein immerwährender Kummer.

30   *A day´s march nearer home.*   (37)

(Liedzitat, Übersetzung ohne Kenntnis des Liedes nicht möglich)

31   *A dearly loved son and brother the gift of god is eternal life.*   (21)

Ein innig geliebter Son und Bruder. Gottes Geschenk ist das ewige Leben.

32   *A dearly loved son galled to higher service, faithful unto death.   (18)*

Ein innig geliebter Sohn, gerufen zu einem höheren Dienst, treu bis zum Tod.

33   *A devoted son a faithful brother from his loving mum, dad, sister and brother.   (21)*

Ein hingebungsvoller Sohn und treuer Bruder. Von seiner liebevollen Mutter, dem Vater, der Schwester und dem Bruder.

34   *A fine boy, so frank and friendly, so full of energy and keenness. (20)*

Ein guter Junge, so offen und freundlich, so voller Energie und Begeisterung.

35   *A good lad a brave heart god grant him peace mother and family.   ()*

Ein guter Junge, ein tapferes Herz. Gott, schenke ihm den Frieden. Seine Mutter und seine Familie.

36   *A hidden thought a silent tear keep his memory ... dear. (24)*

Ein verborgener Gedanke, eine stille Träne. Behaltet ihn in guter Erinnerung.

37   *A human sacrifice on the alter of duty.   ()*

Das Opfer eines Menschen auf dem Altar der Pflicht.

38   *A loved one sleepeth.   (24)*

Ein geliebter Mensch ruht.

39   *A loved one sleepeth.   (24)*

Ein geliebter Mensch ruht.

40   *A loving an devoted son and brother sadly missed by all his loves ones.   (19)*

Ein liebevoller und treuer Sohn und Bruder. Seine Lieben vermissen ihn in Trauer.

41   *A loving son and a good soldier.   (36)*

Ein liebevoller Sohn und guter Soldat.

42	*A loving son both true and kind a beautiful memory left behind.*	(21)

Ein liebevoller Sohn, ehrlich und liebenswürdig. Welch schöne Erinnerung doch zurückbleibt.

43	*A loving son dear brother and true friend.*	(29)

Ein liebevoller Sohn, ein geliebter Bruder und ein wahrer Freund.

44	*A loving son gave his life for his country god be with him*	(23)

Ein liebevoller Sohn gab sein Leben für sein Land. Möge Gott mit ihm sein.

45	*A loving son, a brother kind, a beautiful memory, left behind.*	(21)

Ein liebevoller Sohn, ein liebenswerter Bruder, eine schöne Erinnerung, die zurückbleibt.

46	*A loving son, a brother so kind, a beautiful memory, left behind.*	(19)

Ein liebevoller Sohn, ein so liebenswerter Bruder, eine schöne Erinnerung, die zurückbleibt.

47	*A man amongse men.*	(32)

Ein Mann unter Männern.

48	*A noble end.*	(31)

Ein edles Ende.

49	*A noble life laid down for freedom, we shall meet our loved one again.*	(23)

Ein edles Leben, hingegeben für die Freiheit. Wir werden unseren Geliebten wieder sehen.

50	*A noble life laid down for his friends.*	(40)

Ein edles Leben, hingegeben für seine Freunde.

51	*A noble life sacrificed for a noble cause.*	(19)

Ein edles Leben, hingegeben für eine edle Sache.

52   *A noble son devoted brother and a true friend to the needy.*   (26)

Ein großherziger Sohn, hingebungsvoller Bruder und ein wahrer Freund der Hilfsbedürftigen.

53   *A noble son, true and kind, a beautiful memory left behind.*   (18)

Ein großherziger Sohn, ehrlich und liebenswürdig. Welch schöne Erinnerung doch zurückbleibt.

54   *A sad day recalled.*   (28)

In Erinnerung an einen traurigen Tag.

55   *A silent thought, a secret tear. Keeps his memory ever dear.*   (23)

Ein stiller Gedanke, eine heimliche Träne hält die Erinnerung an ihn stets wach.

56   *A sleep in Jesus*   (30)

Ein Schlaf in Jesus.

57   *A smiling face, heart of gold the dearest son this world could hold. Mom and dad.*   (20)

Ein lächelndes Gesicht, ein Herz aus Gold, der liebste Sohn, den die Welt hervorbringen könnte. Deine Mutter und dein Vater.

58   *A soldier of the great war.*   ()

Ein Soldat des großen Krieges.

59   *A Soldier of the great war.*   ()

Ein Soldat des Großen Krieges.

60   *A Soldier of the great war.*   ()

Ein Soldat des Großen Krieges.

61   *A time to kill ... a time to heal*   ()

Eine Zeit um zu töten… eine Zeit um zu heilen.

62   *A true und loving son to his parents and counntry peace be with you.*

                                                                        (26)

Ein wahrer und liebevoller Sohn für seine Eltern und sein Land. Friede sei mit dir.

63   *A very galant gentleman.*   *(25)*

Ein sehr galanter Gentleman.

64   *A young life full of promise nobly ended ... hero in god´s keeping.*
        (20)

Ein junges und vielversprechendes Leben, das edel endete. Ein Held in Gottes Obhut.

65   *A young life norly given god rest his soul.*   *(18)*

Ein junges Leben, edel hingegen. Gott, lass seine Seele ruhen.

66   *Absence cannot hearts divide.*   *()*

Abwesenheit vermag Herzen nicht zu trennen. --> Ein Abschied vermag Herzen nicht zu trennen.

67   *After lifes fitful fever rest.*   *(18)*

Ruhe nach dem unbeständigen Fieber des Lebens.

68   *Age 28 years a nobles acrifice or those he loved so well.*   *(28)*

Im Alter von 28 Jahren: ein edles Opfer für diejenigen, die er so sehr liebte.

69   *Age 28 Years ever in our thouchts.*   *()*

28 Jahre alt, immer in unseren Gedanken.

70   *Aged 19 in tehe care of „the most high" until the day breaks.* *()*

Im Alter von 19 Jahren: in der Obhut des Höchsten, bis der Tag anbricht.

71   *Aged 21 years. To memory ever dear mother.*   *()*

Im Alter von 21 Jahren. In ewiger Erinnerung, die liebe Mutter.

72   All live unto him.   (33)

      Alle leben für ihn (gem. ist Gott).

73   All the souls of those who die are but sunbeams lifted higher.   (27)

      Die Seelen der Toten sind nur Sonnenstrahlen, die zum Himmel gehoben werden.

74   All they had hoped for all they had they gave to save mankind.   ()

      Alles, worauf sie hofften, alles, was sie hatten, gaben sie um die Menschheit zu retten.

75   All ways remembered.   (18)

      In ewiger Erinnerung.

76   Also a soldier of the great war.   ()

      Auch ein Soldat des Großen Krieges.

77   Also his brother victor feel hi delmille wood july 16th 1916 aged 19. (22)

      (zu bruchstückhaft für eine Übersetzung)

78   Also in memory of his brother charles kind´s liverpool regt. 5th June 1918.   ()

      Auch im Gedenken an seinen Bruder (…?)

79   Also in memory of Lieut. A. A. Heyland, 5th gurkha riffles, 22 May 1915 Age 27. Deo Patrias.   (28)

      Auch im Gedenken an Lt. A. A. Heyland (…?)

80   Also in memory of lieut. Brn. Bollingham. dinna forget our sacrifice. (19)

      Auch im Gedenken an Lt. Brn. Bollingham (…?)

81   Also pte. r.n. sackett. shropshire light inf. Killed in action 17th september 1918   (23)

      (???)

82   Always in our thoughts.   (29)

      Stets in unseren Gedanken.

83   *Always in the thoughts of his Mother and Sister.*   (19)

Stets in den Gedanken seiner Mutter und seiner Schwester.

84   *Always our thoughts.*   (21)

Stets in unseren Gedanken.

85   *Always remembered by his loving wife and children.*   ()

Seine liebevolle Frau und seine Kinder werden sich immer an ihn erinnern.

86   *Amen*   (26)

Amen.

87   *An englishman died of wounds received in action.*   (29)

Ein Engländer starb an den Wunden, die er im Einsatz erlitt.

88   *And his name shall live for evermore.*   (41)

Und sein Name Möge für alle Zeiten leben.

89   *And that dear voice i once habe known still speaks to me of me an mine.*   (29)

Und diese geliebte Stimme, die ich einst kannte, spricht zu mir von mir und den Meinen.

90   *And with the morn hose angel enges smile whigh habe loved and lost aw hile.*   (22)

(???)

91   *Approach, my soul the mercy – seat ... us answers prayer.*   (25)

(zu bruchstückhaft für eine Übersetzung)

92   *Are it the more those argel eacei ... whidh i have loved and lost a hile.*   (49)

(zu bruchstückhaft für eine Übersetzung)

93   *Arise shine or thy light is come and the glory of the lord ist ... up on thee.*   (27)

(???)

94   *As a sacrifice glad to be offered a boy he died for england.*   *(18)*

    Als Opfer fröhlich dargebracht, ein Junge, er starb für England.

95   *As for god his way ist perfect. Ps 18,30*   *(24)*

    Was Gott betrifft, sein Weg ist perfekt. Ps 18,30

96   *As gold in the furnace hath he thied them and received them as a burnt offering.*   *(36)*

    Wie Gold im Schmelzofen hat er sie erprobt und sie als Brandopfer angenommen.

97   *As nobly as he lived he died a tender memory is ours. (32)*

    So edel wie er lebte, so starb er auch. Die zarte Erinnerung ist unser.

98   *As sure as the sun bings mornind whatever is, is best. (25)*

    (???)

99   *Asleep in Jesus.*   *(20)*

    Er schläft in Jesus.

100   *At rest in peace.*   *(43)*

    Er ruht in Frieden.

101   *At rest.*   *(26)*

    Er ruht.

102   *At the going down of the sun and in the morning we will remember him.*   *(22)*

    Wenn die Sonne untergeht sowie am Morgen - wir werden seiner gedenken.

103   *At the going down of the sun and in the morning we will remember them.*   *(26)*

    Wenn die Sonne untergeht sowie am Morgen - wir werden ihrer gedenken.

104   *Be thou faithful unto death and i will give thee a crown of life.*   *(20)*

    Sei treu bis in den Tod und ich werde dir eine Krone des Lebens geben.

Zur Ehre Gottes und zur Erinnerung an unseren lieben Sohn Fred.

Ein guter Ehemann und ein liebender Vater, dein Wille geschehe.

105   Beloved „it is well" though deep an sore the smart.   (43)

        (???)

106   Beloved and only son of Benn and Nellie Franks Hull. (19)

        Der geliebte und einzige Sohn von Benn und Nellie Franks aus Hull.

107   Beloved grandson of Mr. & Mrs. John Gampbell, Southbelton, Dunbar.
                                                                    (20)

        Der geliebte Enkel von Herrn und Frau John Campbell, Southbelton,
        Dunbar.

108   Beloved husband of ada cooper thy will be done.   (28)

        Der geliebte Ehemann von Ada Cooper. Dein Wille geschehe.

109   Beloved husband of Annie Cratchley. „Thy will be done."   (24)

        Der geliebte Ehemann von Annie Cratchley. "Dein Wille geschehe".

110   Beloved husband of dorothy. passed to higher life. Sadly missed by all.
                                                                    (34)

        Der geliebte Ehemann von Dorothy. Aufgebrochen in ein höheres
        Leben. Alle vermissen ihn in Trauer.

111   Beloved husband of frances gee ossett. Yorks „Until we meet again".
                                                                    (30)

        Der geliebte Ehemann von Frances Gee Ossett. Yorks (???) "Bis wir
        uns wieder sehen."

112   Beloved husband of joan harbour balerno, midlothain. Memory ever
        dear.   (31)
         Der geliebte Ehemann von Joan Harbour Balerno, Midlothian, in steter
        Erinnerung.

113   Beloved husband of muriel bird and son of F. Graham Bird of cardiff.
                                                                    (25)

        Der geliebte Ehemann von Muriel Bird und Sohn von F. Graham Bird
        aus Cardiff.

114   Beloved in life, in death not forgotten.   (19)

      Im Leben geliebt, im Tode nicht vergessen.

115   Beloved son of Esther & Isaac Couplan of Leeds, England.   (26)

      Der geliebte Sohn von Esther und Isaac Couplan aus Leeds, England.

116   Beloved son of George A. and Adaline L. Cornwall ...   (23)

      Der Geliebte Sohn von George A. und Adaline L. aus Cornwall.

117   Beloved son of George and Louisa Badrick gone but not forgotten. (19)

      Der geliebte Sohn von George und Louisa Badrick. Von uns gegangen, aber nicht vergessen.

118   Beloved son of J.T. & M.J. Vow. Shrewsbury. Peace perfect peace. (27)

      Der geliebte Sohn von J. T. und M. J. Vow aus Shrewsbury. Friede, vollkommener Friede.

119   Beloved son thy memory dear ... sweeter bach ...   ()

      Geliebter Sohn, wir behalten dich in guter Erinnerung (…?)

120   Beloved, sleep on.   (19)

      Schlaf weiter, Geliebter.

121   Better love hath no man than this.   (21)

      Niemand hatte mehr Liebe als er.

122   Beyond the veil shall meet again.   (21)

      Hinter dem Schleier werden (wir?) uns wieder sehen.

123   Birthlpace ryhope country of durham a noble & dutiful son at rest (19)

      Geboren in Ryhope in der Grafschaft Durham. Es ruht ein großmütiger und pflichtbewusster Sohn.

124   Blessed are the dead ... die in the lord. R.I.P.   (22)

      Selig sind die Toten… stirb in der Obhut des Herrn. Ruhe in Frieden.

125   Blessed are the meer for they shall inherit the earth.   (34)

      Selig sind die Sanftmütigen, denn sie werden die Erde erben.

126   *Blessed are the pure in heart for they shall see god.*   (19)

Selig sind die mit reinem Herzen, denn sie werden Gott sehen.

127   *Born at dundee N. B. July 13th 1895. Son of William, Mary, Mechan Dundee.*   (22)

Geboren in Dundee, New Brunswick am 13. Juli 1895. Sohn von William, Mary und Mechan (aus?) Dundee.

128   *Born at woodstock. N.B. canada a student at the untiv of new brunswick.*   (24)

Geboren in Woodstock, New Brunswick, Kanada. Ein Student an der Universität von New Brunswick.

129   *Born mch fth 1890. For vatr with the lord.*   (21)

(???)

130   *Borne away from sin and sorrow to a better home above.*   (19)

Fortgetragen von Sünde und Kummer zu einem besseren Zuhause im Himmel.

131   *Br ave hearts never die.*   (35)

Tapfere Herzen sterben nie.

132   *Brief, brave and glorious was his young career.*   (20)

Kurz, tapfer und ruhmreich war seine junge Laufbahn.

133   *But the cross i fall.*   (36)

(???)

134   *Call him not dead he fell at duty´s feet and passed through light to eternal rest.*   (38)

Nennt ihn nicht tot, denn er fiel zu Füßen der Pflicht und durchschritt das Licht zur ewigen Ruhe.

135   *Called to higher service.*   (19)

Er wurde zu einem höheren Dienst gerufen.

136   *Called to his heavenly home whilst defending our earthly home.*   (21)

Er wurde zu seinem himmlischen Zuhause gerufen, während er unsere irdische Heimat verteidigte.

137   *Cha till iad gu brath qu la na cruinne*   (20)

(Walisisch oder Gälisch)

138   *Christ will clasp the broken chain closer when wie meet again.*   (25)

Christus wird die zerbrochene Kette zusammenschließen, wenn wir uns wiedersehen.

139   *Christ will link the broken chain closer when we meet again.*   (22)

Christus wird die zerbrochene Kette zusammenschließen, wenn wir uns wiedersehen.

140   *Coedy fron my ...*   (19)

(zu bruchstückhaft für eine Übersetzung)

141   *Come ye blessed of my father posses ye the kingdom of heaven.* (38)

Kommt her, die ihr von meinem Vater gesegnet seid, und nehmt das Himmelreich in Besitz.

142   *Cone, but not forgotten by his mother and brother.*   (20)

Von uns gegangen, aber seine Mutter und sein Bruder haben ihn nicht vergessen.

143   *Darling george our home ist dark without thee we miss thee everywhere.*   ()

Geliebter George, unser Haus ist dunkel ohne dich. Wir vermissen dich überall.

144   *Day by day we miss him more.*   ()

Von Tag zu Tag vermissen wir ihn mehr.

145   *Day never breaks, night never falls, but what we think of thee.*   (19)

Kein Tag beginnt, keine Nacht bricht herein, ohne dass wir an dich denken.

146   *Dear eldest son of captain knapton. R.N. Boldre hants. ...*   *()*

Der geliebte älteste Sohn von Hauptmann Knapton. (…?)

147   *Dear son your memory lives with us at home o loved ...*   *(28)*

Geliebter Sohn, die Erinnerung an dich lebt daheim mit uns (oh Geliebter?)

148   *Dearer to memory than words can tell are the thoughts for a son we loved so well R.I.P.*   *()*

Teurer als Worte es ausdrücken können sind die Gedanken an einen Sohn, denn wir so sehr geliebt haben. Ruhe in Frieden.

149   *Dearest as long as life and memory last we will remember thee wife.*   *(41)*

Geliebter, so lange das Leben und das Gedächtnis fortdauern, werden wir uns deiner erinnern. Deine Ehefrau.

150   *Dearly beloved faithful unto death.*   *(22)*

Innig geliebt, treu bis in den Tod.

151   *Dearly beloved husband ...*   *(34)*

Der innig geliebte Ehemann …

152   *Dearly beloved husband of alice gill.*   *()*

Der innig geliebte Ehemann von Alice Gill.

153   *Dearly beloved one of the best.*   *(25)*

Innig geliebt, einer der besten.

154   *Dearly beloved son of Mr. & Mrs. Harry Fran... of Manch...*   *(29)*

Der innig geliebte Sohn von Herrn und Frau Harry Fran (aus Manchester?)

155   *Dearly loved and fondly remember by all alt home, mother.*   *(19)*

Innig geliebt und in guter Erinnerung von allen daheim. Deine Mutter.

156   *Dearly loved and sadly missed.*   *(19)*

Innig geliebt und schmerzlich vermisst.

157   *Dearly loved by his wife and little daughter.*   (34)

        Innig geliebt von seiner Ehefrau und seiner kleinen Tochter.

158   *Dearly loved eldest son of John & Evelyn Boyes of Hull, England.* (19)

        Der innig geliebte älteste Sohn von John und Evelyn Boyes aus Hull, England.

159   *Dearly loved in life and in death never forgotten.*   (18)

        Innig geliebt im Leben und im Tode niemals vergessen.

160   *Dearly loved youngest son of J. & E. Trigwell, thy will be done.*   (23)

        Der innig geliebte jüngste Sohn von J. und E. Trigwell. Dein Wille geschehe.

161   *Dearly loved.*   (30)

        Innig geliebt.

162   *Death divides but memory clings lovingly remembered by his wife and children.*   (40)

        Der Tod trennt, doch die Erinnerung bleibt. In liebevoller Erinnerung seiner Frau und Kinder.

163   *Death divides but memory clings my soul fleeth unto the lord.*   ()

        Der Tod trennt, doch die Erinnerung bleibt. Meine Seele flieht zum Herrn.

164   *Death divides but memory ever clings from his devoted wife & child.*
                                                                    (32)

        Der Tod trennt, doch die Erinnerung bleibt für immer. Von seiner treuen Frau und seinem Kind.

165   *Death for one´s country, if need be death for the right is victory.*   (24)

        Der Tod für das Heimatland, wenn es sein muss, der Tod für das Recht ist der Sieg.

166   *Death parts but fond memory clings from his loving mother, father and brother harold.*   ()

        Der Tod trennt, doch die schöne Erinnerung hält zusammen. Von seiner liebevollen Mutter, seinem Vater und seinem Bruder Harold.

167   *Deep in my heart a memory ... a loved him too ... to ever horret.* (32)

        (zu bruchstückhaft für eine Übersetzung)

168   *Deep in our hearts his memory lies.*   (30)

        Tief in unseren Herzen liegt die Erinnerung an ihn.

169   *Deep in our hearts you are living yet loved too dearly ever forge.* (22)

        (???)

170   *Deep in our hearts your memory is kept we loved you too much to ever forget.*   (24)

        Tief in unseren Herzen behalten wir die Erinnerung an dich. Wir haben dich zu sehr geliebt, als dass wir dich jemals vergessen könnten.

171   *Deeply mourned ...*   (40)

        In tiefer Trauer…

172   *Deeply mourned be parents, sister an brothers.*   (22)

        In tiefer Trauer: seine Eltern, seine Schwester und Brüder.

173   *Deeply mourned by his dear wife, son, parents, brothers and sisters.*   (26)

        In tiefer Trauer: seine liebe Frau, sein Sohn, seine Eltern, Brüder und Schwestern.

174   *Deeply mournet by sorrowing wife & children peace perfect peace.* ()

        In tiefem Schmerz: seine trauernde Frau und seine Kinder. Frieden, vollkommener Frieden.

175   *Died beloved by all he bore the cross now wears a crown mother*   (23)

        Er starb, geliebt von allen. Er trug das Kreuz, nun eine Krone. Seine Mutter.

176   *Died of wounds age 20 years, son of Joseph and Charlotte ... of Wildboar clough. ...*   *()*

     Er starb im Alter von 20 Jahren an seinen Wunden. Der Sohn von Joseph und Charlotte. (…?)

177   *Do not aks us it we miss him there ist such a vacant place.*   *()*

     Fragt uns nicht, ob wir ihn vermissen. Da ist solche Leere.

178   *Do well o lord. Unto those that are good an true of heart.*   *(27)*

     Sei gnädig, oh Herr, zu denen, die gut sind und ein ehrliches Herz haben.

179   *dt. - 3321*   *()*

     (???)

180   *Duece et decorum est pro patria mori.*   *(35)*

     Süß und ehrenvoll ist es, für das Vaterland zu sterben.

181   *Duty called and he went there to do his bit and tant his shart.*   *(20)*

     (???)

182   *Duty called so dearly loved so sadly missed thy will be done.*   *()*

     Die Pflicht rief. Wir liebten ihn so sehr, wir vermissen ihn in Trauer. Dein Wille geschehe.

183   *Duty nobly done a soldier and a hero.*   *(23)*

     Ehrenvoll erfüllte er seine Pflicht. Ein Soldat und ein Held.

184   *Duty nobly done rest in peace.*   *(27)*

     Ehrenvoll erfüllte er seine Pflicht. Ruhe in Frieden.

185   *Duty nobly done.*   *(38)*

     Ehrenvoll erfüllte er seine Pflicht.

186   *Duty, not glory service, not a throne inspired his effort.*   *(24)*

     Die Pflicht, nicht der Ruhm, der Dienst und kein Thron regten ihn zu seiner Leistung an.

187   *Duty, right and homeland.*   *(23)*

Pflicht, Recht und Heimatland.

188   *Eldest son of Henry P. Frederick, of Burgh Hall near Gt. Yarmouth. (24)*

Der älteste Sohn von Henry P. Frederick aus Burgh Hall in der Nähe von Great Yarmouth.

189   *Ernil sunshine passes shadows fall. love and remembrance outlast all.*
(20)

Der Sonnenschein vergeht und der Schatten fällt. Die Liebe und die Erinnerung überdauern alles.

190   *Eternal rest give to him o lord and let perpetual light shine up on hin.*
(19)

Schenke ihm ewige Ruhe, oh Herr, und lasse ewiges Licht auf ihn scheinen.

191   *Eternal rest grant to him o lord.*   *(28)*

Schenke ihm ewige Ruhe, oh Herr.

192   *Ever fondly remembered at home by parents, sisters & brother.   (20)*

In ewiger und guter Erinnerung daheim: seine Eltern, seine Schwestern und der Bruder.

193   *Ever in my thoughts.*   *(35)*

Für immer in meinen Gedanken.

194   *Ever in our thoughts from Father & dear Mother.   (21)*

Für immer in unseren Gedanken. Von seinem Vater und seiner lieben Mutter.

195   *Ever in our thoughts.*   *(25)*

Für immer in unseren Gedanken.

196   *Ever in the memory of the on he held most dear his loving wife dolly. ()*

Für immer in der Erinnerung der einen, die er am meisten liebte. Seine liebe Frau Dolly.

197   *Ever in the thoughts of all at home.*   (20)

        Für immer in den Gedanken von allen daheim.

198   *Ever in the thoughts of his surrowing wife and children.*   (36)

        Für immer in den Gedanken seiner trauernden Frau und seiner Kinder.

199   *Ever lovingly remembered by his loving wife and child.*   (41)

        Seine liebevolle Frau und sein Kind werden seiner stets in Liebe gedenken.

200   *Ever remembered ...*   (23)

        Auf ewig in der Erinnerung…

201   *Ever remembered by father mother sisters and brothers rest in peace.*   (21)

        Auf ewig in der Erinnerung seines Vaters, seiner Mutter, seiner Schwestern und Brüder. Ruhe in Frieden.

202   *Ever remembered by his brothers lloyd & jermy and sister catherine.*   (33)

        Auf ewig in der Erinnerung seiner Brüder Lloyd und Jeremy und seiner Schwester Catherine.

203   *Ever remembered by his Father and Mother.*   (20)

        Auf ewig in der Erinnerung seines Vaters und seiner Mutter.

204   *Ever remembered by his loving father, mother, brothers and sisters.*   (22)

        Auf ewig in der Erinnerung seines lieben Vaters, seiner Mutter, seiner Brüder und Schwestern.

205   *Ever remembered by his loving sister eliza.*   ()

        Auf ewig in der Erinnerung seiner lieben Schwester Eliza.

206   *Ever remembered by his loving wife & daughter.*   (23)

        Auf ewig in der Erinnerung seiner lieben Frau und seiner Tochter.

Gott sei mit dir, bis wir uns wiedersehen, lebende Frau und Kinder.

Zur Ehre Gottes und zum Gedenken an unseren lieben Sohn Fred.

207   *Ever remembered by his loving wife and children ...*   (38)

Auf ewig in der Erinnerung seiner lieben Frau und seiner Kinder.

208   *Ever remembered by his loving wife Maud and children Winnie and John and ever present sorrow.*   (34)

Auf ewig in der Erinnerung seiner lieben Frau Maud und seiner Kinder Winnie und John. Der Kummer ist immer da.

209   *Ever remembered by his Mother, Brothers and Sisters. (27)*

Auf ewig in der Erinnerung seiner Mutter, seiner Brüder und Schwestern.

210   *Ever remembered by his wife an child done but not forgotten.*   ()

Auf ewig in der Erinnerung seiner Frau und seiner Kinder. Er ist von uns gegangen, aber nicht vergessen.

211   *Everlasting life be vours, you gave your live for those you ...*   (21)

Mögest du ewiges Leben erhalten. Du gabst dein Leben für die, die du…

212   *Every day memories of you come my way loved remembered longed for always.*   (25)

Jeden Tag begegnet mir die Erinnerung an dich. Du bist geliebt, unvergessen und immer ersehnt.

213   *Every word of god is pure.*   (21)

Jedes Wort Gottes ist rein.

214   *Faithful unto death.*   (23)

Treu bis in den Tod.

215   *Faithful untu death with christ wich is far better.*   (33)

Treu bis in den Tod mit Christus, was viel besser ist.

216   *Far away but not forgotten. R.I.P.*   ()

Weit weg, aber nicht vergessen. Ruhe in Frieden.

217   *Father in thy gracious keeping leave we now thy servant sleeping.*   *()*

Vater, in deiner gnädigen Obhut lassen wir nun deinen Diener ruhen.

218   *Father in thy gracious keeping. Leave we now our loved one sleeping.*
(20)

Vater, in deiner gnädigen Obhut lassen wir nun unseren Lieben ruhen.

219   *Father in thy gracoius keeping. Leave we here thy servant sleeping.*
(18)

Vater, in deiner grädigen Obhut lassen wir hier deinen Diener ruhen.

220   *Father in thy gracoius keeping. Lewe we now our ...*   *(28)*

Vater, in deiner gnädigen Obhut, lassen wir nun unseren ...

221   *Father, in thy gracios keeping leave we now our loved one ...*   *(29)*

Vater, in deiner gnädigen Obhut lassen wir nun unseren Lieben (ruhen).

222   *Father, Mother and Brothers rand... and frank ... miss him.*   *(23)*

Sein Vater, seine Mutter, seine Brüder Rand und Frank vermissen ihn.

223   *Fight the good fight.*   *(33)*

Kämpfe den guten Kampf.

224   *Fils de joseph brillant ...role volontairement a rimouski. Province de Quebec, Tomre glorieusement .. le soi. de ses aieux ... sang ne peut mentir.*   *(28)*

(Französisch)

225   *Floods cannot quench the love of a parents. God is love.*   *()*

Fluten können die Liebe von Eltern nicht stillen. Gott ist Liebe.

226   *Fondly we loved him he is dear to us still one of the best.*   *(23)*

Zärtlich liebten wir ihn. Er ist uns noch immer teuer. Einer der Besten.

227   *For all times remembrance my boy, my boy.*   *()*

Erinnerung in alle Zeiten. Mein Junge, mein Junge.

228   *For ever with the lord.*   (21)

      Für immer beim Herrn.

229   *For ever with the lord. Thy will be done.*   ()

      Für immer beim Herrn. Dein Wille geschehe.

230   *For god and for country in loving memory.*   (35)

      Für Gott und für das Heimatland. In liebevoller Erinnerung.

231   *For god and the right.*   (28)

      Für Gott und das Recht.

232   *For god. For king and country.*   (26)

      Für Gott, König und Heimatland.

233   *For got´ king an country. Thy will be done.*   (22)

      Für Gott, König und Heimatland. Dein Wille geschehe.

234   *For honour liberty an truth. He sacrificed his glorious youth.*   (18)

      Für Ehre, Freiheit und Wahrheit gab er seine glorreiche Jugend.

235   *For king and country. Loved an respactet by all.*   (19)

      Für König und Heimatland. Von jedermann geliebt und respektiert.

236   *For me to live is christ and to ...*   (19)

      (zu bruchstückhaft für eine Übersetzung)

237   *For us all he did his best. God gave him peaceful rest. R.I.P.*   (27)

      Für uns alle tat er sein Bestes. Gott gab ihm friedliche Ruhe. Ruhe in Frieden.

238   *Forget him no. I never will as years roll on i miss him still. His sorrow ...*
                                                              (24

      Ich werde ihn niemals vergessen. Während die Jahre vorbeifliegen, vermisse ich ihn noch immer. (…)

239   *Forget him not, no we never will, wi loved him then, we love him still. ()*

      Wir werden ihn niemals vergessen. Wir liebten ihn damals und tun es noch immer.

240   *Fourth son of Thomas M. Davenport of Headington Hill Oxford. (32)*

      Der vierte Sohn von Thomas M. Davenport aus Headington Hill in Oxford.

241   *From his wife and children in ever loving memory gone but not forgotten.*   *(33)*

      Von seiner Frau und seinen Kindern. In ewig liebevollem Andenken. Von uns gegangen, doch nicht vergessen.

242   *From the contagion of this world´s slow stain thou art secure.*   *(25)*

      (Gedichtzitat von Shelley, Übersetzung ohne Kenntnis des Gedichts nicht möglich)

243   *From victory unto victory.*   *(23)*

      Von Sieg zu Sieg.

244   *Galled to an early rest through death to victory. Sadly missed at home.*   *(22)*

      In eine frühe Ruhestätte berufen. Durch den Tod zum Sieg. Daheim wird er zutiefst vermisst.

245   *Gave his live for those he loved.*   *(35)*

      Er gab sein Leben für diejenigen, die er liebte.

246   *Gifted in his mind, pleasant in his life, frarless in his death, loved by his friends.*   *(28)*

      Klug im Kopf, liebenswürdig im Leben, furchtlos im Tod, geliebt von seinen Freunden.

247   *Give rest o christ to thy servant with thy saints.*   *(23)*

      Oh Christus, gib deinem Diener Ruhe bei deinen Heiligen.

248   *Glad did i live and gladly die and i laid me down with a will.*   (19)

(Gedichtzitat von Stevenson, Übersetzung ohne Kenntnis des Gedichts nicht möglich)

249   *God be with us, until we meet again.*   (29)

Gott sei mit uns, bis wir uns wieder sehen.

250   *God be with you darling child till we meet to part no more.*   (22)

Gott sei mit dir, mein liebstes Kind, bis wir uns wieder sehen und nie mehr Abschied nehmen müssen.

251   *God bei with you till me meet.*   (26)

Gott sei mit dir, bis wir uns wieder sehen.

252   *God bless him, died for his country.*   (20)

Gott segne ihn. Er starb für sein Land.

253   *God gave and hath taken away blessed be the name of the lord.* (37)

Der Herr hat es gegeben, der Herr hat es genommen. Gesegnet sei der Name des Herrn.

254   *God grant him eternal rest.*   (21)

Gott, schenke ihm ewige Ruhe.

255   *God has you in he keeping ... we have you in ore hearts good ...* (24)

(zu bruchstückhaft für eine Übersetzung)

256   *God held wide his lovong arms and said come unto me and rest.* (21)

Gott öffnete seine liebevollen Arme weit und sagte: "Komm zu mir und ruhe."

257   *God is love.*   (30)

Gott ist Liebe.

258   *God knows best.*   ()

Gott weiß es am besten.

259   *God proved him and found him worthy for himself.*   *()*

        Gott hat ihn auf die Probe gestellt und ihn für seiner würdig befunden.

260   *God remembers when the world forgets.*   *(30)*

        Gott erinnert sich, wenn die Welt vergisst.

261   *God shall wipe away all tears.*   *(21)*

        Gott wird alle Tränen wegwischen.

262   *God takes our loved ones from our homes but never from our hearts.*   *()*

        Gott nimmt unsere Lieben aus unseren Häusern, aber nie aus unseren Herzen.

263   *God took you home it was his will but in our hearts you live on still.* *(18)*

        Gott hat dich nach Hause geholt. Es war sein Wille. Doch in unseren Herzen lebst du noch immer weiter.

264   *God´s will be done.*   *(22)*

        Der Wille Gottes wird geschehen.

265   *Gone but not forgotten born august 5rd 1897*   *(21)*

        Von uns gegangen, aber nicht vergessen. Geboren am 5. August 1897.

266   *Gone but not forgotten by his loving wife an children.* *(34)*

        Von uns gegangen, aber nicht vergessen. Von seiner liebevollen Frau und seinen Kindern.

267   *Gone but not forgotten by his sorrowing wife.*   *()*

        Von uns gegangen, aber nicht vergessen. Seine trauernde Frau.

268   *Gone but not forgotten from loving wife and children.*   *()*

        Von uns gegangen, aber nicht vergessen. Von seiner liebevollen Frau und seinen Kindern.

269   *Gone but not forgotten loving wife.*   *()*

        Von uns gegangen, aber nicht vergessen. Seine liebevolle Frau.

270   Gone but not forgotten mother.   (23)

Von uns gegangen, aber nicht vergessen. Seine Mutter.

271   Gone but not forgotten.   (19)

Von uns gegangen, aber nicht vergessen.

272   Gone but not forgotten. A ... more toils, a eew more jears, and wesh all weep no more.   (26)

Von uns gegangen, aber nicht vergessen. Noch ein paar Mühen, noch ein paar Jahre und dann werden wir nicht mehr weinen.

273   Gone but not forgotten. From his loving wife & doughter. Rest in peace.   (23)

Von uns gegangen, aber nicht vergessen. Von seiner liebevollen Frau und seiner Tochter. Ruhe in Frieden.

274   Gone but not forgotten. Never will his memory fade a dutiful son.   ()

Von uns gegangen, aber nicht vergessen. Nie wird die Erinnerung an ihn verblassen. Ein pflichtbewusster Sohn.

275   Gone from our home but not our hearts. he mad the supreme sacrifice.   (24)

Er hat unser Zuhause verlassen, aber nicht unsere Herzen. Er erbrachte das höchste Opfer.

276   Gone from our home, but not form our hearts.   (21)

Er hat unser Zuhause verlassen, aber nicht unsere Herzen.

277   Gone from our home, but not from our heard one of the best.   (27)

Er hat unser Zuhause verlassen, aber nicht unser Herz. Einer der Besten.

278   Gone from our home, but not our hearts.   (22)

Er hat unser Zuhause verlassen, aber nicht unsere Herzen.

279   Gone from us but not forgotten never shall ... memory fade.   (26)

Von uns gegangen, aber nicht vergessen. Niemals soll die Erinnerung verblassen.

280   *Gone from us, but not forgotten, never shall his memory fade.*   *(20)*

Von uns gegangen, aber nicht vergessen. Niemals soll die Erinnerung an ihn verblassen.

281   *Gone ist the face we loved so dear silent the voice we long to hear.*

(22)

Fort ist das Gesicht, das wir so sehr liebten, still die Stimme, die wir so gerne hören würden.

282   *Gone to be with jesus which is far setter.*   *()*

Von uns gegangen um bei Jesus zu sein, was viel besser ist.

283   *Gone to higher service.*   *(18)*

Aufgebrochen zu einem höheren Dienst.

284   *Good-night beloved.*   *()*

Gute Nacht, mein Liebster.

285   *Grant him eternal rest o lord.*   *(23)*

Gewähre ihm ewige Ruhe, oh Herr.

286   *Grant him o lord eternal rest.*   *(36)*

Gewähre ihm, oh Herr, die ewige Ruhe.

287   *Grant him o lord, eternal rest let light perpetual shine on him.*   *(24)*

Gewähre ihm, oh Herr, die ewige Ruhe und lasse immerwährendes Licht auf ihn scheinen.

288   *Greater love has no man than this hat a man lay down his life for his friends ...*   *(37)*

Niemand hat größere Liebe in sich als dieses: Dass ein Mann sein Leben für seine Freunde gibt.

289   *Greater love hath ...*   *(25)*

Größere Liebe hatte…

290   *Greater love hath no man he laid down his live for his friends.*   (29)

      Niemand hat größere Liebe in sich. Er gab sein Leben für seine Freunde.

291   *Greater love hath no man than this that a man lay down his life for his frents.*   (21)

      Niemand hat größere Liebe in sich als dieses: Dass ein Mann sein Leben für seine Freunde gibt.

292   *Greater love hath no man than to lay down his life for his friends.* (36)

      Niemand hat größere Liebe in sich als sein Leben für seine Freunde zu geben.

293   *Greater love hath no man that he lay down his life for another.*   (24)

      Niemand hat größere Liebe in sich als sein Leben für seinen Nächsten zu geben.

294   *Greater love have no man, than to lay down, his life for ...*   (19)

      Niemand hat größere Liebe in sich als sein Leben für (…) zu geben.

295   *Greater love tath no man than he that leyeth down his life for his friends.* (20)

      Niemand hat größere Liebe in sich als der, der sein Leben für seine Freunde gibt.

296   *Greater love tath no man than this that a man lay down his life for his friends.*   (28)

      Niemand hat größere Liebe in sich als dieses: Dass ein Mann sein Leben für seine Freunde gibt.

297   *Greatly loved & deeply mourned.*   (22)

      Innig geliebt und tief betrauert.

298   *Green sod above lie light, lie light, goodnight, dear husband.*   (26)

      Möge der grüne Rasen leicht auf dir liegen. Gute Nacht, mein lieber Ehemann.

Ich danke meinem Gott für jedes Gedenken an

Gottes erlesenste Blüte.

299   *Had he asked us, wie would say, god we love her let her stay.*   (27)

Wenn er uns gefragt hätte, würden wir sagen: Gott, wir lieben sie, lass sie bleiben.

300   *Have mercy up on him lord and let perpetual light shine upon him.*   ()

Sei ihm gnädig, Herr, und lasse ewiges Licht auf ihn scheinen.

301   *Have mercy upon him, lord: and let perpetual light shine upon him.*
(28)

Sei ihm gnädig, Herr, und lasse ewiges Licht auf ihn scheinen.

302   *He answered bravely to the call and gave his live for one and all.*
(29)

Mutig folgte er dem Ruf und gab sein Leben für uns alle.

303   *He answered duty call.*   ()

Er folgte dem Ruf der Pflicht.

304   *He asiced life thou gabest him length of days ...*   (20)
(???)

305   *He being made perfect in a short time fulfilled a long time.*   (20)

Früh vollendet hat der Gerechte doch ein volles Leben gehabt. (Weisheit, 4:13)

306   *He bore his cross and won his crown, ... with the lord.*   (20)

Er trug sein Kreuz und gewann seine Krone. (…) beim Herrn.

307   *He bore his cross he wears a crown sometime you´ll understand.* (30)

Er trug sein Kreuz und nun eine Krone. Eines Tages werdet ihr es verstehen.

308   *He chaned his laurel for a crown of clory.*   (20)

Er tauschte seinen Lorbeerkranz gegen eine Krone des Ruhms.

309   *He did his duty.*   (33)

Er tat seine Pflicht.

310   He did what he could for those he loved.   (22)

Er tat, was er konnte, für die, die er liebte.

311   He died an herd´s death fichting for king & country.   (22)

Er starb den Heldentod, als er für König und Heimatland kämpfte.

312   He died as he lived a man. Mourned by wife and children.   ()

Wie er lebte, so starb er - wie ein Mann. Seine Frau und seine Kinder trauern um ihn.

313   He died as he lived, beloved, unselfish, loyal and brave.   (25)

Er starb so, wie er lebte: geliebt, selbstlos, treu und tapfer.

314   He died at his country´s call manly, unsel fish and brave. R.I.P.   ()

Er starb, weil sein Land ihn gerufen hatte: wie ein Mann, selbstlos und tapfer. Ruhe in Frieden.

315   He died doing his duty.   (37)

Er starb bei der Erfüllung seiner Pflicht.

316   He died fithing for his country.   (41)

Er starb im Kampf für sein Heimatland.

317   He died for freedom and honour fondly loved and depply mourned. A.M.G.H.   (31)

Er starb für Freiheit und Ehre. Innig geliebt und zutiefst betrauert. A.M.G.H.

318   He died for freedom and honour.   (31)

Er starb für Freiheit und Ehre.

319   He died for freedom honour and england.   (37)

Er starb für die Freiheit, die Ehre und für England.

320   He died for freedom. For those he left gehind he did his best.   (28)

Er starb für die Freiheit. Für die, die er zurückgelassen hat, tat er sein Bestes.

321   *He died for king and country he´s at rest from duty´s call.*   (19)

Er starb für König und Vaterland. Er ruht vom Ruf der Pflicht.

322   *He died for king and country.*   (33)

Er starb für König und Vaterland.

323   *He died like a brave irish soldier. Jesus, Mary and Josef have mercy on him.*   (26)

Er starb wie ein tapferer irischer Soldat. Jesus, Maria und Josef, seid ihm gnädig.

324   *He died that we might live greater love tath no man than this.*   (31)

Er starb damit wir leben können. Niemand hat größere Liebe in sich.

325   *He died that we might live.*   (19)

Er starb damit wir leben können.

326   *He died that wie might live and will always be remembered.*   (29)

Er starb damit wir leben können und wird immer in unserer Erinnerung bleiben.

327   *He died that wie might live.*   (19)

Er starb damit wir leben können.

328   *He died to save others duty nobly done from his loving parents.*   (20)

Er starb um andere zu retten. Großherzig erfüllte er seine Pflicht. Von seinen liebevollen Eltern.

329   *He died to save us all gone but still in our loving memory.*   (23)

Er starb um uns alle zu retten. Von uns gegangen, doch immernoch in unserer liebevollen Erinnerung.

330   *He exchanged the gross for the crown from his sorrowful mother.* (27)

Er tauschte das Kreuz gegen die Krone. Von seiner trauernden Mutter.

331   *He forgot himself when ever he sould be of use ...*   (24)

Er vergaß sich selbst, wenn man ihn brauchte.

| 332 | He foucht the fight the victory won and entered in to rest. | (31) |

Er kämpfte den Kampf, errang den Sieg und legte sich zur Ruhe.

| 333 | He fought a good fight, he kept the faith, he finished his course. | (24) |

Er kämpfte einen guten Kampf, er bewahrte den Glauben, er beendete seine Laufbahn.

| 334 | He fought for king & country, his memory will live for ever. Ubique quo faset gloria du cunt. | (23) |

Er kämpfte für König und Vaterland. Sein Angedenken wird ewig leben. Überall, wohin das Recht und der Ruhm uns führen. (Lat.)

| 335 | He fought the fight the victory won and entered into rest. | (18) |

Er kämpfte den Kampf, errang den Sieg und legte sich zur Ruhe.

| 336 | He fought the good fight wie all his might never shall his memory fade. | (20) |

Mit all seiner Kraft kämpfte er einen guten Kampf. Niemals soll die Erinnerung an ihn verblassen.

| 337 | He fought the good fight. | (25) |

Er kämpfte einen guten Kampf.

| 338 | He gave his all. God took him to rest. | (19) |

Er gab alles. Gott bettete ihn zur Ruhe.

| 339 | He gave his best, his life, his all. A hero from ... towers. | (19) |

Er gab sein Bestes, sein Leben, alles. Ein Held aus ...towers.

| 340 | He gave his happy young life, brave, steadfast and true. | (24) |

Er gab sein glückliches, junges Leben, tapfer, standhaft und treu.

| 341 | He gave his life for god, king and country, farewell loved one. | (25) |

Er gab sein Leben für Gott, den König und das Heimatland. Lebe wohl, Liebster.

| 342 | He gave his life for his country. | (40) |

Er gab sein Leben für sein Heimatland.

343   He gave his life hat others might live.   (22)

Er gab sein Leben damit andere leben können.

344   He gave his life, his best, his all.   (39)

Er gab sein Leben, sein Bestes, alles.

345   He gave his life.   (33)

Er gab sein Leben.

346   He giveth his beloved sleep.   (25)

Er gab seinen geliebten Schlaf.

347   He giveth his life for orthers.   (24)

Er gab sein Leben für andere.

348   He gladly laid down his life for the empire.   (23)

Gerne gab er sein Leben für das Empire.

349   He has more than conouered death he ist crowned with life and love.
    (28)

Er hat den Tod mehr als bezwungen. Er ist gekrönt mit Leben und Liebe.

350   He have him boy´s dean life for england.   (22)

(???)

351   He heard the call and answered it gone but not forgotten.   (23)

Er hörte den Ruf und folgte ihm. Von uns gegangen, aber nicht vergessen.

352   He is not dead he doth not sleep he hath awakened from the dream of life.   (24)

Er ist nicht tot. Er schläft nicht. Er ist aus dem Traum des Lebens erwacht.

353   He laid his richest gift on the altar of duty his life.   (20)

Er legte sein wertvollstes Geschenk auf den Altar der Pflicht: sein Leben.

354   *He lives always in the hearts of those who loved him.* (20)

      Er lebt für immer in den Herzen derer, die ihn liebten.

355   *He lives in the hearts of those in left a hero we annot forget, mother.*
(19)

      Er lebt in den Herzen derer, die er verlassen hat. Ein Held, den wir nicht vergessen können. Seine Mutter.

356   *He liveth for evermore.* (22)

      Er lebt für immer weiter.

357   *He loved god his country and his home resurgam.* (22)

      Er liebte Gott, sein Land und sein Zuhause. Ich werde wieder auferstehen. (Lat.)

358   *He loved honour more than he fearned death.* (22)

      Er liebte die Ehre mehr als er den Tod fürchtete.

359   *He memory of our loved ones is blessed always in our thourghts.*
(33)

      Die Erinnerung an unsere Lieben ist gesegnet. Für immer in unseren Gedanken.

360   *He nobly answered duty´s call.* (34)

      Großherzig folgte er dem Ruf der Pflicht.

361   *He played the game, he crossed the line, ever remembered.* ()

      Er spielte das Spiel, er überschritt die Linie. Für immer in unserer Erinnerung.

362   *He sacrificed his life for others thy will be done.* (30)

      Er gab sein Leben für andere. Dein Wille geschehe.

363   *He sacrificid his ... so that others might live in peace.* (26)

      Er gab sein (…) damit andere in Frieden leben können.

364   *He sleeps with england´s heroes in the watchful care...* (18)

      Er schläft in wachsamer Obhut bei Englands Helden.

365   *He tath done all things well.*   *(19)*

        Er hat alles wohl gemacht. (Markus 7, 37)

366   *He that believeth in me though dead, shall live.*   *(21)*

        Wer an mich glaubt, wird leben, auch wenn er stirbt. (Johannes 11, 25)

367   *He that overcomet he shall be my son Rev. 21. Father Mother*   *(25)*

        Wer überwindet, der soll mein Sohn sein. (Offenbarung 21, 7) Vater und Mutter.

368   *He toiled for us, he loved and wie remember. Wife Glandys Baby Malcolm and the family.*   *(26)*
        Er plagte sich für uns, er liebte und wir erinnern uns. Seine Frau Glandys, der kleine Malcolm und die Familie.

369   *He voluntarily gave his life for his country and his loved ones.*   *(27)*

        Freiwillig gab er sein Leben für sein Land und seine Lieben.

370   *He waits beyond the door for those he loves.*   *(20)*

        Hinter der Pforte wartet er auf diejenigen, die er liebt.

371   *He was a fearless and a gallant lad and died on the field of Hon... (24)*

        Er war ein furchtloser und galanter Junge und starb auf dem Feld (der/von)

372   *He was mother´s comfort.*   *(30)*

        Er war der Trost seiner Mutter.

373   *He was one of the best that god could ...*   *(19)*

        Er war einer der Besten, die Gott (…) konnte.

374   *He was ours to remember, though all th world forgets.*   *(25)*

        Wir haben die Pflicht, seiner zu gedenken, auch wenn die ganze Welt vergisst.

375   *He was ready, when duty called he did his best. Mum Dad*   *(18)*

        Er war bereit, als die Pflicht rief. Er tat sein Bestes. Mama und Papa.

376   *He whom god loved died young.*   *(19)*

Er, den Gott liebte, starb jung.

377   *He will shallow up death in victory and wipe away ...*   *()*

Gott wird den Tod siegreich verschlingen und (die Tränen) wegwischen.

378   *Hearts are dust hearts loves remain, harts love his meet thee again.*

(21)

(???)

379   *Hearts that loved him never forget.*   *()*

Die Herzen, die ihn liebten, werden niemals vergessen.

380   *Here have wie no continuing city, but we seek one to come. Hebr. 13,11*

(36)

*Hier haben wir keine bleibende Stadt, sondern suchen die zukünftige.
(Hebräer 13, 14)*

381   *Hhe supe and cep fain hope.*   *(34)*

(???)

382   *His duty done in thy hands o father we leave his departed spirit.*   *(27)*

*Nun, da seine Pflicht getan ist, lassen wir seinen vergangenen Geist in
deinen Händen, oh Vater.*

383   *His gain, our lo..., till wie meet, Chris & Frank, Mother & Dad.*   *(25)*

*Sein Gewinn, unser Verlust. Bis wir uns wiedersehen. Chris und Frank,
die Mutter und der Vater.*

384   *His gift inspires us.*   *(21)*

Sein Opfer begeistert uns.

385   *His hand in mine. He nobly died. From his everloving wife.*   *(24)*

*Seine Hand in meiner. Er starb ehrenhaft. Von seiner stets liebevollen
Ehefrau.*

386   *His kindly way, his loving face no one on earth can take his place. (18)*

Seine angenehme Art, sein liebevolles Gesicht. Niemand auf der Welt kann seinen Platz einnehmen.

387   *His memory ever dear.*   *(19)*

Die Erinnerung an ihn liegt uns für alle Zeiten am Herzen.

388   *His memory is as fresh today as in the hour he passed away.   (25)*

Die Erinnerung an ihn ist heute noch so frisch wie in der Stunde seines Todes.

389   *His memory is as sweet to day as in that hour he passed away R.I.P.*
                                                                     (20)

Die Erinnerung an ihn ist heute noch so lieblich wie in der Stunde seines Todes. Ruhe in Frieden.

390   *His memory is beyond expression his absence our deepest sorrow. (20)*

Die Erinnerung an ihn kann nicht in Worte gefasst werden. Seine Abwesenheit ist unser tiefster Schmerz.

391   *His memory is our dearest traeasure.*   *()*

Die Erinnerung an ihn ist unser wertvollster Schatz.

392   *His memory long will live alone in all our hearts.   (25)*

Allein in unseren Herzen wird sein Andenken lange weiterleben.

393   *His name is written in letter of love, in the hearts, he left at home.*
                                                                     (24)

Sein Name steht geschrieben in den Buchstaben der Liebe, in den Herzen, die er daheim zurückließ.

394   *His name is written in letters of love in hearts he left behind.   (22)*

Sein Name steht geschrieben in den Buchstaben der Liebe, in den Herzen, die er zurückließ.

395   *His name liveth for ever.*   *(25)*

Sein Name lebt auf ewig.

Jesu in deiner gnädigen Obhut. Lass uns nun unseren Lieben entschlafen.

Gut gemacht, guter und treuer Soldat.

396   His path of duty ... the way to glory.   (18)

        Sein Pfad der Pflicht (...) Der Weg zum Ruhm.

397   His smiling face will greet us ... we meet again.   (20)

        Sein lachendes Gesicht wird uns begrüßen, (wenn) wir uns wiedersehen.

398   His sun went down while yet it was day.   (27)

        Seine Sonne ging unter, während es noch mitten am Tag war.

399   Ho thought of glory to be ...there way he huty to ... done he did .. (48)

        (zu bruchstückhaft für eine Übersetzung)

400   Hold thou thy cross before my closing eyes.   ()

        Halte dein Kreuz vor meine sich schließenden Augen.

401   Home at last thy victory wo...   (24)

        (zu bruchstückhaft für eine Übersetzung)

402   Honoured but depply mourned by loving mother, sister and brother.
                                                                   (25)

        Geehrt, doch zutiefst betrauert von seiner liebevollen Mutter, seiner Schwester und seinem Bruder.

403   Husband of margaret only son of C. & A. ward dearly loved our hero.
                                                                   (29)

        Der Ehemann von Margaret, der einzige Sohn von C. und A. Ward. Innig geliebt, unser Held.

404   I ... in the communion of saints.   (33)

        (???)

405   I am a soldier of glory my jesus died for me.   (23)

        (???)

406   I am the resturrection and the life.   (21)

        Ich bin die Auferstehung und das Leben.

407   I believe in the communion of saints.   (33)
       (???)

408   I gave my life to-day, that you might live to-morrow.   (20)
       Heute habe ich mein Leben gegeben, damit ihr morgen leben könnt.

409   I have finished the work which thou ... me to do.   ()

410   I have fought a good fight i have fineshed my course. (22)
       Ich habe einen guten Kampf gekämpft und meine Laufbahn beendet.

411   I have fought a good fight, i have kept the faith.   (26)
       Ich habe einen guten Kampf gekämpft und den Glauben bewahrt.

412   I have fought a good fight. I have finished my course. (21)
       Ich habe einen guten Kampf gekämpft und meine Laufbahn beendet.

413   I have redeemed thee and thou artmine.   (23)
       (???)

414   I know that my redeemer liveth from his sorrowing mother & father. (19)
       Ich weiß, dass mein Erlöser lebt. Von seiner trauernden Mutter und
       seinem Vater.

415   I know, that my redeemer liveth.   (22)
       Ich weiß, dass mein Erlöser lebt.

416   I shall be satisfied when i awake with thy likeness.   (25)

417   I shall go to him, but he schall not return to me, mother.   (19)
       (???)

418   I shall re satisfhed wehn i aware with thy likeness.   (37)
       (???)

419   I thank my god up on every remembrance of you your wife.   (37)
       Ich danke Gott bei jeder Erinnerung an dich. Deine Ehefrau.

420   I will lay medown in peace and take my rest.   (19)
       (???)

421   *I will ransom them from the power of the grave.*   (23)
        (???)

422   *Immaculate heart of mary pray for him.*   (20)
        (???)

423   *In a far away grave he is sleeping one of australia´s bravest & best.* (33)
        (???)

424   *In a hero´s grave he is lying omew here in france he fell.*   (27)
        (???)

425   *In a hero´s honored grave he lies far away from ... who ...*   (25)
        (???)

426   *In affectionate remembr ance of my dear husband all unknown the future i ies let it rest.*   *()*

427   *In affektion ate remembrance from his loving wife and son.*   (19)
        In herzlicher Erinnerung. Von seiner liebevollen Frau und seinem Sohn.

428   *In all things noble to the hearts core clean with christ.* (30)

429   *In cherished memory of our dear one lovingly remembered at ...*   *()*
        (???)

430   *In ever loving and proud remembrance.*   (36)
        In ewig liebevoller und stolzer Erinnerung.

431   *In ever loving memory.*   (23)
        In ewig liebevollem Andenken.

432   *In finem esto fidelis.*   (23)
        (???)

433   *In god we trust.*   (24)
        Auf Gott vertrauen wir.

434   *In god´s care, we leave him sleeping.*   (23)
        (???)

435   *In god´s keeping.*   *(35)*

       In Gottes Obhut.

436   *In heaven is the reward we trust in got to bei reunited. (19)*

       Im Himmel wartet der Lohn. Wir vertrauen auf Gott, uns wieder zusammen zu bringen.

437   *In life he was all in all to me and now his memory is life to me.*   *(28)*

       (???)

438   *In love thy memory lives enshrined.*   *()*

       (???)

439   *In loving memory deeply mourned and sadly missed by all at home. (19)*

       (???)

440   *In loving memory father & mother.*   *(23)*

       In liebevoller Erinnerung. Der Vater und die Mutter.

441   *In loving memory from mother. Sweet repose until ave meet again. (20)*

       (???)

442   *In loving memory of a dearly beloved only son an brother always remembered. R.I.P.*   *(36)*

       In liebevollem Andenken an einen innig geliebten einzigen Sohn und Bruder. Stets in unserer Erinnerung. Ruhe in Frieden.

443   *In loving memory of a dearly beloved son and brother. Sleep on belowed.*   *(18)*

       In liebevoller Erinnerung an einen innig geliebten Sohn und Bruder. Schlaf weiter, Liebster.

444   *In loving memory of a dearly son and brother rest in peace.*   *(26)*

       In liebevoller Erinnerung an einen innig geliebten Sohn und Bruder. Ruhe in Frieden.

445   *In loving memory of dear dad rest in peace.*   *(40)*

       In liebevoller Erinnerung an den lieben Papa. Ruhe in Frieden.

446   *In loving memory of my ... husband reme...*   (39)

> *In liebevoller Erinnerung an meinen (…) Ehemann (…)*

447   *In loving memory of my beloved grandson grant him o lord rest.*   (19)

> *In liebevoller Erinnerung an meinen geliebten Enkel. Schenke ihm Ruhe, oh Herr.*

448   *In loving memory of my dear brother only good night beloved not farewell.*   (36)

> *In liebevoller Erinnerung an meinen lieben Bruder. Nur gute Nacht, Liebster, kein Abschied.*

449   *In loving memory of my dear husband and our dear father.*   ()

> *In liebevoller Erinnerung an meinen lieben Ehemann und unseren lieben Vater.*

450   *In loving memory of my dear husband from wife and son.*   (31)

> *In liebevoller Erinnerung an meinen lieben Ehemann. Von seiner Ehefrau und seinem Sohn.*

451   *In loving memory of my dear husband rest in peace.*   (21)

> *In liebevoller Erinnerung an meinen lieben Ehemann. Ruhe in Frieden.*

452   *In loving memory of my dear husband thy will be done.* (38)

> *In liebevoller Erinnerung an meinen lieben Ehemann. Dein Wille geschehe.*

453   *In loving memory of my dear husband who died for kings & country. East yorkshire*   (24)

> *In liebevoller Erinnerung an meinen lieben Ehemann, der für König und Vaterland starb. East Yorkshire.*

454   *In loving memory of my dear husband.*   (41)

> *In liebevoller Erinnerung an meinen lieben Ehemann.*

455   *In loving memory of my dear son ...*   (23)

> *In liebevoller Erinnerung an meinen lieben Sohn …*

456   *In loving memory of my dear son cont but not forgotten.*   (19)

In liebevoller Erinnerung an meinen lieben Sohn. Von uns gegangen, aber nicht vergessen.

457   *In loving memory of my dear son who gave his live in the great war.*   (22)

In liebevoller Erinnerung an meinen lieben Sohn, der sein Leben im Großen Krieg gegeben hat.

458   *In loving memory of my dear son, he cave his life, that we might live.*   (20)

In liebevoller Erinnerung an meinen lieben Sohn. Er gab sein Leben, damit wir leben können.

459   *In loving memory of or dear son. 6. Mcneill Street, Edinburgh.*   (21)

In liebevoller Erinnerung an unseren lieben Sohn. 6 McNeill Street, Edinburgh.

460   *In loving memory of our ... son from ... famaly ...*   (25)

In liebevoller Erinnerung an unseren (…) Sohn (von/aus) … Familie …

461   *In loving memory of our beloved son wattie A. & M. J.*   (28)

In liebervoller Erinnerung an unseren geliebten Sohn Wattie. A. und M. J.

462   *In loving memory of our dear brother L.F.A.A. Gone but not forgotten.*   (20)

In liebevoller Erinnerung an unseren lieben Bruder. L. F. A. A. Von uns gegangen, aber nicht vergessen.

463   *In loving memory of our dear brother thy will be done.* (47)

In liebevoller Erinnerung an unseren lieben Bruder. Dein Wille geschehe.

464   *In loving memory of our dear brother.*   (29)

In liebevoller Erinnerung an unseren lieben Bruder.

Er starb, und wenn es der Tod wäre, sein Leben zu geben,
damit alle, die er liebte, leben könnten A. und D.

In Herzen zu leben, die wir zurücklassen, bedeutet nicht zu sterben.

3 Fazit

3.1 Rückblick und Ausblick

Diese Liste der Grabinschriften britischer Soldaten des Ersten und Zweiten Weltkrieges zeigt deutlich auf, Krieg betrifft nicht nur die zumeist jungen Männer, die „in fremder Erde" - für die Hinterbliebene oft unerreichbar weit – liegen. Krieg trifft in gleicher Weise dauerhaft die Familien in der Heimat:

- Eltern trauern um ihren Sohn bzw. um ihre Söhne,

- Geschwister trauern um ihren Bruder bzw. ihre Brüder,

- Ehefrauen trauern um ihre Ehemänner,

- Kinder trauern um ihre Väter,

- viele Kinder lernten ihren Vater nie kennen, weil sie für Erinnerungen noch zu jung oder ihre Mütter mit ihnen schwanger waren,

- Freunde trauern um ihren Freund,

- Verliebte trauern um ihren Geliebten,

- überlebende Soldaten um ihren toten Kameraden.

Was britische Grabsteine dokumentiert, gilt auch für französische, amerikanische und deutsche Soldaten sowie für die Kriegstoten jeder anderen Nation. Auch bei ihnen trauern die Familien in der Heimat, trauern überlebende Soldaten um ihre toten Kameraden. Einige von ihnen leiden unter der „Schuld" - so erleben sie es meist -, dass sie überlebt haben und nicht bei ihren toten Kameraden liegen.

Aus diesem Grund unterstütze ich die von Wolfgang Schneiderhan im Vorwort geäußerte Absicht, die großen Kriegsgräberstätten in Europa zum UNESCO-Weltkulturerbe zu machen. Es würde wahrhaft Kultur verloren gehen, wenn die Kriegsgräberstätten aufgegeben werden würden.

Kriegsgräberstätten zu UNESCO-Weltkulturerbe

Für mich gibt es noch einen weiteren Grund, diese Kriegsgräberstätten zu UNESCO-Weltkulturerbe zu machen: Die Welt hat sich in der 1. Hälfte des 20. Jahrhunderts auf europäischem Boden zweimal auf grausamste und blutigste Weise zerfleischt. Mit der Europa-Erklärung von Jean Monnet und Robert Schuman am 09.05.1950 wurden Frankreich und Deutschland treibende Kräfte der europäischen Integration. Die ehemaligen Erzfeinde zogen unter die Vergangenheit einen Schlussstrich. Keiner der beiden fragte danach, wer den Krieg begonnen hatte, wer den größeren Schaden hatte, wer mehr Tote zu beklagen hatte.

1952 gründeten Deutschland und Frankreich gemeinsam mit Italien und den Benelux-Staaten die Europäische Gemeinschaft für Kohle und Stahl (EGKS oder Montanunion). Mit dem 1965 unterzeichneten EG-Fusionsvertrag wurde der Grundstock für die Europäische Gemeinschaft geschaffen. 1992 folgte die Unterzeichnung des Maastricht Vertrags, der die drei Säulen der Europäischen Union (Europäische Gemeinschaft (EG), polizeiliche und justizielle Zusammenarbeit in Strafsachen (PJZS) und Gemeinsame Außen- und Sicherheitspolitik (GASP)) bildet. 2007 wurde daraus die Europäische Union.

Mit dem Abschluss des Élysée-Vertrags am 22.01.1963 wurden die gegenseiten Vorwürfe um die Toten dieser beiden Weltkriege sowie die deutsch-französische „Erbfeindschaft" begraben und durch eine deutsch-französische Freundschaft ersetzt.

Die Kriegsgräberstätten des Ersten und Zweiten Weltkrieges zeigen somit der ganzen Welt auf, dass es möglich ist, auch nach den blutigsten und grausamsten Kriegen einen Schlussstrich zu ziehen und friedlich in eine gemeinsame Zukunft zu gehen. Daher sollten sie als Nachweis gelten, dass nach jedem Krieg nicht nur Frieden möglich ist, sondern auch Freundschaft zwischen den einst verfeindeten Staaten, auch wenn diese schon Generationen zurückreicht.. Daher sollten die Kriegsgräberstätten des Ersten und Zweiten Weltkriegs zum UNESCO-Weltkulturerbe gemacht werden.

Weitere Arbeit

In meiner Excel-Tabelle warten noch rund 450 weitere Grabinschriften auf ihre Übersetzung ins Deutsche. Wenn sich jemand diese Arbeit zutraut, werde ich gerne eine 2. erweiterte Auflage herausbringen.

Auf meinem Computer liegen noch tausende Bilder von Grabsteinen britischer Soldaten. Diese stelle ich gerne einer Studie zur Verfügung, die den Unterschied der Grabinschriften zwischen dem Ersten und dem Zweiten Weltkrieg untersucht. Mein Eindruck ist, dass es es hierbei signifikante Unterschiede gibt. Diese Arbeit könnte einen wichtigen Beitrag dazu leisten, zu verstehen, wie in der Heimat die Trauer empfunden wurde. - Diese Bilder stelle ich gerne auch einer anderen Studie zur Verfügung, die sich sonst wie mit der Trauer um diese toten Soldaten beschäftigt.

Mein Dank

Mein besonderer Dank gebührt – in chronologischer Reihenfolge:

- der Bundeswehr – für meinen Einsatz in Noyers-Pont-Maugis,

- dem Jakobuspilger für den Hinweis auf die Grabinschriften,

- J. D. für die Übersetzung ins Deutsche,

- Wolfgang Schneiderhan für das Vorwort zu diesem Buch.

Ohne alle diese Personen hätte dieses Buch nicht in dieser Weise zustande kommen können.

Möge dieses Buch einen Beitrag für einen weltweiten Frieden liefern.

P. Klaus Schäfer SAC

April 2021

3.2 Review and outlook

This list of grave inscriptions of British soldiers of the First and Second World Wars clearly shows that war does not only affect the mostly young men who lie "in foreign soil" - often unreachable for the bereaved. War affects families at home in the same permanent way:

•Parents mourn the loss of their son or sons,

•Siblings mourn the loss of their brother or brothers,

•Wives mourn the loss of their husbands,

•children mourn the loss of their fathers,

•many children never knew their father because they were too young to remember or their mothers were pregnant with them,

•Friends mourn the loss of their friend,

•lovers mourn for their beloved,

•surviving soldiers mourn their dead comrade.

What British gravestones document is also true for French, American and German soldiers, as well as for the war dead of every other nation. For them too, families back home mourn, surviving soldiers grieve for their dead comrades. Some of them suffer from the "guilt" - that is how they usually experience it - of having survived and not lying with their dead comrades.

For this reason, I support the intention expressed by Wolfgang Schneiderhan in the foreword to make the major war gravesites in Europe a UNESCO World Heritage Site. Culture would truly be lost if war gravesites were abandoned.

War gravesites to become UNESCO World Heritage Sites

For me, there is another reason to make these war gravesites UNESCO World Heritage Sites: The world tore itself apart twice in the cruellest and bloodiest way on European soil in the 1st half of the 20th century. With the Declaration of Europe by Jean Monnet and Robert Schuman on 9 May 1950, France and Germany became the driving forces of European integration. The former arch-enemies drew a line under the past. Neither asked who had started the war, who had done the greater damage, who had suffered more deaths.

In 1952, Germany and France, together with Italy and the Benelux countries, founded the European Coal and Steel Community (ECSC or Montan Union). The EC Merger Treaty, signed in 1965, laid the foundations for the European Community. This was followed in 1992 by the signing of the Maastricht Treaty, which formed the three pillars of the European Union (European Community (EC), Police and Judicial Cooperation in Criminal Matters (PJCC) and Common Foreign and Security Policy (CFSP)). In 2007, this became the European Union.

With the conclusion of the Élysée Treaty on 22 January 1963, the mutual accusations about the dead of these two world wars and the Franco-German "hereditary enmity" were buried and replaced by a Franco-German friendship.

The war gravesites of the First and Second World Wars thus show the whole world that it is possible to draw a line under even the bloodiest and cruellest wars and to move peacefully into a common future. Therefore, they should be seen as proof that not only peace is possible after every war, but also friendship between once hostile states, even if it goes back generations.... Therefore, the war gravesites of the First and Second World Wars should be made UNESCO World Heritage Sites.

Further work

In my Excel spreadsheet, about 450 more grave inscriptions are still waiting to be translated into German. If someone dares to do this work, I will be happy to publish a 2nd extended edition.

On my computer there are still thousands of pictures of gravestones of British soldiers. I would be happy to make these available for a study of the difference in grave inscriptions between the First and Second World Wars. My impression is that there are significant differences. This work could make an important contribution to understanding how mourning was felt at home. - I would be happy to make these images available to another study that otherwise deals with the mourning of these dead soldiers.

My thanks

My special thanks go - in chronological order:

•the German Armed Forces - for my deployment in Noyers-Pont-Maugis,

•the St James pilgrim for pointing out the grave inscriptions,

•J.D. for the translation into German,

•Wolfgang Schneiderhan for the foreword to this book.

Without all these people, this book could not have come about in this way.

May this book contribute to a worldwide peace.

P. Klaus Schäfer SAC

April 2021

3.3 *Rétrospective et perspectives*

Cette liste d'inscriptions sur les tombes de soldats britanniques de la Première et de la Seconde Guerre mondiale montre clairement que la guerre ne touche pas seulement les hommes, jeunes pour la plupart, qui reposent "en terre étrangère", souvent inaccessibles pour les personnes endeuillées. La guerre affecte de la même façon permanente les familles au foyer :

Les parents pleurent la perte de leur fils ou de leurs fils,

les frères et sœurs pleurent la perte de leur(s) frère(s),

Les épouses pleurent leurs maris,

les enfants pleurent la perte de leurs pères,

de nombreux enfants n'ont jamais connu leur père parce qu'ils étaient trop jeunes pour s'en souvenir ou parce que leur mère était enceinte d'eux,

Les amis pleurent la perte de leur ami,

les amoureux pleurent leur bien-aimé,

Les soldats survivants pleurent leur camarade mort.

Ce que les pierres tombales britanniques documentent est également vrai pour les soldats français, américains et allemands, ainsi que pour les morts de guerre de toutes les autres nations. Pour eux aussi, les familles au pays sont en deuil, les soldats survivants pleurent leurs camarades morts. Certains d'entre eux souffrent de la "culpabilité" - c'est ainsi qu'ils la vivent généralement - d'avoir survécu et de ne pas être couchés avec leurs camarades morts.

C'est pourquoi je soutiens l'intention exprimée par Wolfgang Schneiderhan dans l'avant-propos de faire des principaux cimetières militaires d'Europe un site du patrimoine mondial de l'UNESCO. La culture serait vraiment perdue si les tombes de guerre étaient abandonnées.

Les tombes de guerre vont devenir des sites du patrimoine mondial de l'UNESCO

Pour moi, il y a une autre raison de faire de ces tombes de guerre des sites du patrimoine mondial de l'UNESCO : Le monde s'est déchiré deux fois de la manière la plus cruelle et la plus sanglante sur le sol européen dans la première moitié du 20e siècle. Avec la Déclaration de l'Europe de Jean Monnet et Robert Schuman le 9 mai 1950, la France et l'Allemagne deviennent les moteurs de l'intégration européenne. Les anciens ennemis jurés ont tiré un trait sur le passé. Ni l'un ni l'autre n'ont demandé qui avait commencé la guerre, qui avait fait le plus de dégâts, qui avait subi le plus de morts.

En 1952, l'Allemagne et la France, ainsi que l'Italie et les pays du Benelux, ont fondé la Communauté européenne du charbon et de l'acier (CECA ou Communauté du charbon et de l'acier). Le traité de fusion CE, signé en 1965, a jeté les bases de la Communauté européenne. Elle a été suivie en 1992 par la signature du traité de Maastricht, qui a formé les trois piliers de l'Union européenne (Communauté européenne (CE), Coopération policière et judiciaire en matière pénale (CPJP) et Politique étrangère et de sécurité commune (PESC)). En 2007, celle-ci est devenue l'Union européenne.

Avec la conclusion du traité de l'Élysée le 22 janvier 1963, les accusations mutuelles sur les morts de ces deux guerres mondiales et l'"inimitié héréditaire" franco-allemande sont enterrées et remplacées par une amitié franco-allemande.

Les tombes de guerre de la Première et de la Seconde Guerre mondiale montrent ainsi au monde entier qu'il est possible de tirer un trait sur les guerres, même les plus sanglantes et les plus cruelles, et d'avancer pacifiquement vers un avenir commun. Ils devraient donc servir de preuve que non seulement la paix est possible après chaque guerre, mais aussi l'amitié entre des États autrefois hostiles, même si elle remonte à plusieurs générations..... Par conséquent, les sépultures de guerre de la première et de la deuxième guerre mondiale devraient être inscrites au patrimoine mondial de l'UNESCO.

Autres travaux

Dans ma feuille de calcul Excel, il y a environ 450 inscriptions funéraires supplémentaires qui attendent d'être traduites en allemand. Si quelqu'un ose faire ce travail, je publierai volontiers une 2ème édition étendue.

Sur mon ordinateur, il y a encore des milliers de photos de pierres tombales de soldats britanniques. Je suis heureux de les mettre à disposition pour une étude sur la différence des inscriptions funéraires entre la Première et la Seconde Guerre mondiale. Mon impression est qu'il y a des différences significatives ici. Ce travail pourrait apporter une contribution importante à la compréhension de la manière dont le deuil était ressenti dans la patrie. - Je serais heureux de mettre ces images à la disposition d'une autre étude qui s'intéresse au deuil de ces soldats morts.

Mes remerciements

Je tiens à vous remercier tout particulièrement - par ordre chronologique :

les forces armées allemandes - pour mon déploiement à Noyers-Pont-Maugis,

•le pèlerin de St. James pour avoir signalé les inscriptions sur les tombes,

•J.D. pour la traduction en allemand,

•Wolfgang Schneiderhan pour la préface de ce livre.

Sans toutes ces personnes, ce livre n'aurait pas pu voir le jour de cette manière.

Puisse ce livre contribuer à une paix mondiale.

P. Klaus Schäfer SAC
Avril 2021

Der Tag, den du dem Herrn gegeben hast, ist zu Ende.

Ewige Ruhe gewähre ihm, o Herr,
und lasse ewiges Licht auf ihn scheinen. R.I.P.

Vendresse-Beaulne (F)

GPS-Position: 49.43306/3.67111

327 britische Soldaten / British soldiers / Soldats britanniques

Étaples Military Cemetery

GPS-Position: 50.5363/1.6225

10.771 britische Soldaten / British soldiers / Soldats britanniques

Neuville-Saint-Vaast (F)

GPS-Position: 50.3497/2.7497

820 britische Soldaten / British soldiers / Soldats britanniques

12.211 französische Soldaten / British soldiers / Soldats britanniques

Thiepval (F)

GPS-Position: 50.05054/2.68568

72.193 britische Soldaten / British soldiers / Soldats britanniques

Am 01.07.1916 griffen um Thiepval etwa 120.000 britische Soldaten die deutschen Stellungen an. Dabei starben an diesem Tag über 19.000, davon rund 8.000 in der ersten halben Stunde.

On 01.07.1916, around 120,000 British soldiers attacked the German positions around Thiepval. More than 19,000 died that day, around 8,000 of them in the first half hour.

Le 01.07.1916, environ 120 000 soldats britanniques ont attaqué les positions allemandes autour de Thiepval. Plus de 19 000 personnes sont mortes ce jour-là, dont environ 8 000 dans la première demi-heure.